FSC
www.fsc.org
MIXTO
Papel procedente de fuentes responsables
Paper from responsible sources
FSC® C105338

Editorial: BoD · Books on Demand,
Calle de Manzanares 4, 28005 Madrid,
bod@bod.com.es
Impresión: Libri Plureos GmbH,
Friedensallee 273, 22763 Hamburg (Alemania)

Homofobia. Su terrible y cruel cara
ISBN: 978-84-1373-860-4

Promethea Grupo Editorial
info@prometheaeditorial.com
www.prometheaeditorial.com

HOMOFOBIA

SU TERRIBLE Y CRUEL CARA

Por y para Luzci diosa del sentimiento ambiguo.

Estas verdades acerca de la homosexualidad, te harán sentir parte del universo y si te encuentras ajeno a este tema, en su contenido te sentirás profundamente atraído por él, querrás sentirlo, experimentarlo.

Esta obra es un aporte especial al sentimiento homosexual.

AGRADECIMIENTOS

Gratitud a todas las madres, padres, y sobre todo por los hijos que son victimas de los terribles maltratos homofóbicos, gracias por haber colaborado de forma incondicional para este trabajo, decirles que esta obra será mi aporte, esperando sea de un valor sentimental único, un tesoro para todos aquellos que puedan tenerlo.

Para todos los seres, mujeres, varones que no encuentran el camino de la felicidad, esta historia de Alexander y Antoni será una Invitación para encontrar su camino, para así encontrar la felicidad anhelada.

UNA DEDICATORIA ESPECIAL

Por los grandes Dioses de la mitología Griega, Zeus, Poseidón, Hades, Apolo, Hefesto y los semi Dioses Alejandro —Aquiles — Sócrates —Platón y otros personajes del pasado, que en su momento no pudieron darle el valor a sus sentimientos homosexuales, quedándose ocultos o difamados.

Por esos muchos seres que marcaron sus vidas con la decisión de vivir sus verdades y que ya no están Fredy —George—Rot. Huk —Y para aquella Lucí Diosa de la sensualidad ambigua y cientos de personajes que de alguna manera ustedes mismos sabrán de su existencia, para ellos parte de esta obra dedicada a sus vidas.

Motivación para crear la obra

Es sabido que en la sociedad actual hay mucha discriminación oculta hacia la vida homosexual, nunca fui testigo presencial en el camino de mi vida del pasado de ninguna situación homófoba, mucho menos dí importancia a ese tema por lo que iba escuchando de la sociedad y por no ver nada tangible departe de las victimas que sufren discriminación, por que no los veía defenderse, lo mismo por no dar importancia a este tema por el sistema errante de la sociedad en la que me encontraba.

De mi parte siempre observaba como una persona común, sus interminables fiestas de carnavales en el sur de América y sus ya conocidos desfiles del orgullo Gay en otros continentes, que claro me parecía divertido pero a la vez extraños, pensaba que en eso radicaba sus fantasías, que de mi parte los veía alegres, me parecían muy superficiales, muy ficticios, a la vez decadentes, más por que no me transmitían ningún mensaje para sus existencias solo brillo y diversión.

Nadie se imaginaba que ocurría después de esas fiestas en cada uno de ellos, el sistema social homófobo les esperaba burlonas mostrando su cruel cara.

Pasado un tiempo transcurría ante mi situaciones muy desagradables contra la homosexualidad, las terribles mentalidades homofobas mostraban una brutal decadencia en su expresión y se hacía palpable su discriminación abecés a gritos o lo peor en silencio.

Siempre escuchaba a un amigo criticar a su hijo adolescente homosexual de forma despectiva y cuándo bebía con llantos lo nombraba, a veces sus comentarios para los otros amigos del grupo eran graciosos, sin embargo para mi eran muy molestos.

Me preguntaba a mí mismo:

—¿Cómo un padre podría reírse de la vida de su hijo y tomarlo de burla ante sus amigos? Sobre todo viendo de que familia venía, la cuál era de un alto nivel con una vasta educación y principios, no entendía del por que su fobia, lo observaba y me respondía que el alcohol era su fuerza para desahogarse.

Pasaron los meses y de vuelta fui testigo de un aterrador maltrato verbal homofóbico, este acto fue el detonante de mi aventura temperamental, inquebrantable para llegar a muchos seres con esta obra, dedicado para todos estos seres que sufren cualquier maltrato discriminatorio y con gran necesidad de encontrar muchas verdades no pronunciadas y calladas de la homosexualidad ante un sistema social no correcto. En principio fueron estos los motivos que despertaron en mi la curiosidad de emprender este camino, investigar la vida homosexual.

Seguían las terribles conductas homofóbicas ante mi, al ver la ofensa cometida por una persona de un nivel social bajo, sucedía en una empresa bajo la mirada y la presencia de otros personales que simplemente sonrientes apoyaban la situación.

Sumado a esto y siguiendo algunas noticias estando en mi entorno familiar pasaban imágenes donde mostraban los maltratos discriminados hacia los homosexuales, viendo sus pocos derechos superficiales en muchas partes del mundo, en ese momento decidí emprender y dar comienzo a esta obra sin aceptar el sistema acorazado en el que me encontraba .

Pasaron los días y teniendo formado un grupo de colaboradores, decidimos continuar con los trabajos de investigar en muchos países los actos más espantosos de maltratos hacia la homosexualidad, entre muchos hechos, desprecios y dejaciones del pasado y algunas del presente.

En mi primer paso fui recopilando varias imágenes terroríficas entre ellas el suicidio de un adolescente, que se quitaba la vida colgado a un muro a las afueras de un instituto y otros impactantes suicidios todo por ser homosexual, analizando y estudiando los motivos de semejantes hechos los resultados fueron precisos, los responsables de estos actos fueron la misma sociedad y la incomprensión familiar con sus aptitudes poco aceptables, esta era la mentalidad homófoba siempre ocultas bajo un disfraz menos esperado, camuflados mostrando su hipocresía y falsedad.

Pasado unos meses y llegado a mi objetivo de acumular todos estos sucesos que fue el principio de un arduo trabajo y más todo lo que me esperaba decidí acompañado de mis colaboradores dejar de escarbar en las heridas que dejaron las terribles mentalidades homófobas en el pasado hacia la homosexualidad, recopilar todas las pruebas con episodios que de mi parte parecían suficientes para seguir a otro paso.

Con gran anhelo seguimos con toda evidencia meramente de la historia que pueda ser motivo de análisis y de investigación para poder llegar a todas las sociedades, por que es sabido que gran parte del sistema social mundial se encuentra ajeno a la situación real y a la verdad de la homosexualidad en la sociedad, esperando encontrar con este trabajo pruebas vitales de mayor importancia hacia el sentimiento homosexual, sobre todo para todos los hijos, padres y madres para ustedes y por todos esta obra.

Mis intenciones con este trabajo es de mostrar un camino, abecés aparentemente difícil por lo que conlleva enfrentar los obstáculos de la sociedad homófoba que pretenden bloquear la vida del ser humano, estos conceptos están creados por seres que llevan una vida oculta, esta obra podría ser un aporte decisivo para tomar la decisión de liberarse, sobre todo para esos que llevan sus vidas bajo las sombras aparentando en la sociedad una imagen falsa.

Unos informes recopilados que ha significado una importante base para dar seguridad a las muchas investigaciones y yéndome más allá del presente, dándole continuidad al pasado en la historia humana y no dejarlos de forma superficial gracias a los datos inesperados que fuimos hallando, estos datos descubiertos fueron ciertas costumbres homosexuales nativas encontrados, que fueron vividas desde la misma existencia del hombre y que en la actualidad en algunas sociedades la siguen viviendo, si no es abiertamente lo viven en las sombras.

OPINIONES

Algunos estudiosos opinan, que el comportamiento social acentúan la hipocresía en su conducta y han dejado a la homosexualidad en un lugar decadente sin valor.

Para todo lo que signifiquen movimientos por los derechos humanos esta será mi aporte, éstos escritos serían el detonante de la verdad no reconocida por la misma sociedad, por las cuáles podrías ser victima cualquier persona a causa de los conceptos homofóbicos que privan de la libertada de sentir en todo ser humano.

Todas las investigaciones y datos recopilados impregnados parte de las mismas iban tomando forma con mucha rigurosidad, inspirada por todos aquellos que se encuentren dudosos de vivir lo que sienten, sobre todo al ver a esos muchos seres que llevan una vida errante, por ellos nos ocupamos que todo el contenido de este trabajo sea de gran ayuda, para que puedan ver con otra perspectivas el camino qué decidan tomar para sus vidas y sientan son parte del universo y descubran su otra cara, su otra forma de sentir, un camino diferente dónde estarán latente apasionadamente en espera de tener la oportunidad de vivirlas.

UN RELATO VERÍDICO INMORTAL PARA LAS MENTES FUTURAS.

Para esta aventura tuve que tomar muchos riesgos y malos momentos por investigar paso a paso todo el significado de la homosexualidad, y sin haber permitido obstáculos ni conceptos erróneos que detengan mi objetivo, por todo lo visto y presenciado en múltiples momentos y viendo ciertas bases para emprender el camino deseado, teniendo muy en cuenta la negatividad de una parte del sistema social ante la homosexualidad, y al descubrir la verdad de estos seres ocultos con mentalidades homofobas, que en sus conceptos de rechazos hacia la homosexualidad, jamás permitirían dar los mismos derechos de igualdad en la sociedad a la homosexualidad.

Lo más significativo para nuestros objetivos fue descubrir que esta igualdad en los derechos significarían para estos seres que viven sus vidas ocultas en las sombras exponer sus verdades, y por temor a represalias del resto de la sociedad que forman parte del sistema tendrían que dejar sus doble vida y vivir su realidad o verdad.

A pesar de estos comportamientos hipócritas sociales que seguirán su camino, dedicaba con mucho entusiasmo gran parte de mi tiempo a mis investigaciones y reportajes para encaminar la obra.

Pasado unos meses y viendo las negatividades muy acrecentadas en una gran parte de la sociedad contra la homosexualidad, las cuáles ocasionaban un desgaste a mi búsqueda, que se envolvía en una letarda monotonía, creaban en mi una posición que no era de mi agrado, y al no encontrar en todos los conceptos y reportajes una total convicción para presentarlos como principal apoyo real y correcto a lo que estaba buscando, gracias al apoyo de mi entorno no permití dar importancia a esos conceptos rastreros que los veía monótonas y repetitivas, todo lo contrario, mi búsqueda se volvía inquieta yo seguía dándole vueltas intentando encontrar una prueba palpable en todos los conceptos hallados, en gran parte en muchos de ellos encontré un valor importante que tenga un significado auténtico ante las mentalidades homófogas de una buena parte de la sociedad, aunque en mi mente lo único que se repetían eran muchas preguntas con respuestas dudosas, esta situación me parecía inquietante sobre todo al ver que venían de muchos puntos sociales influyentes del sistema social, lo peor al estar refugiadas en el sistema que no me parecía justa para el sentimiento homosexual al no darle los derechos de igualdad, estos datos me llevaba a tomar la decisión de dejar por un tiempo todo el significado homosexual aparcado y sacarlos en el momento más oportuno, mientras investigarlo de forma personal al sistema homófobo lentamente.

Pasaron los meses, tras descubrir ciertos datos muy significativos decidí volver a indagar y buscar el tema homosexual en diferentes épocas, en algunas de ellas debatía el tema homosexual con ciertos resultados muy aposicionados del pasado que hasta hoy día siguen vigentes.

Después de haber pasado un año, y tras seguir encontrando datos muy interesantes en la historia del pasado, dejé pasar unas semanas y todo los materiales recopilados los repasaba de nuevo para seguir intentando encontrar algo seguro que hable de la verdad del sentimiento homosexual y sucedió algo inesperado, cuándo en unos de esos momentos de relax que yo me solía tomar en algunas de mis tardes, encontrándome muy pensativo en una plaza observando a unos pajarillos revolcarse en un charco de agua, mientras que mis pensamientos se hacían añicos ante los conceptos negativos del sistema herméticos homófobo de la sociedad, que no llenaban mis satisfacciones para demostrar la errante conducta de dicho sistema que den el impulso y fuerza para seguir con el trabajo y llegar al objetivo.

Inexplicablemente de forma mágica, fijé mi mirada hacia dos personas que tenían una edad no muy avanzada, estos se encontraban sentados a unos metros, tocándome el rostro cómo diciéndome a mí mismo ¡despierta tonto! Observándolos me llamaban poderosamente la atención el comportamiento liberal de ambos.

Los dos hombres estaban cogidos de la mano charlando muy sonrientes, estos seres expresaban en su conductas una increíble seguridad, como si fuesen dueños del mundo en sus comportamientos, tal imagen me daban cierta inspiración novelesca, observándoles disimuladamente muy lentamente y con temor de no molestarlos con alguna falta de tacto en mis movimientos, los miraba oculto y murmurando en un monólogo me decía a mi mismo.

—Bueno es muy bonito verlos pero de que me sirve estas imágenes.

Hasta intente acercarme a ellos y a continuación mojando mí rostro con el agua de una pequeña botella que llevaba y mirando el cielo hacia lo alto sintiendo y disfrutando del calor que curtía mi piel, encerrado en mi mismo seguía en un fuerte monólogo murmurando

—Estarás alucinando

Hasta que de forma sorpresiva alguien interrumpía aquel quieto y armonioso momento, cuando por detrás me cogía del hombro, al girar me percataba que era uno de los hombres que yo me encontraba observando hacía minutos, mirándole en el rostro observé su barba tupida y sus ojos azules casi laucos.

—Muy sorprendido me dirigí a él.

—¿Señor en qué podría ayudarle?

Él respondía:

—Soy el abuelo del famoso jugador de tú amigo Andrés, hace un buen rato que nos cruzamos y Fernando té había reconocido, sería por todas las fotos qué lleva en la casa mi nieto, vaya coincidencia mi nombre es Antonio sé que no me conoces, estaré aquí unos meses, Andrés me ha comentado algo de ti, que te encontrabas indeciso con un trabajo de reportajes acerca de un tema muy difícil de tratarlo, creo que ya eres famosillo en el entorno que te mueves por tú primer libro.

Él hombre prosiguió ante mi sorpresa, guardando silencio lo observaba

Mire, yo podría ayudarle si usted me promete un absoluto hermetismo con respecto a ciertos temas referente a mi intimidad.

Le respondía:

—¿Pero en que me podría ayudar buen hombre?

Él observando mi aspecto

—Te podría ayudar mostrándote cierto camino para encontrar la verdad de la vida homosexual, espero no té sorprendas, estos datos nos ha comentado Andrés, sería algo de lo que buscas, mi sobrino te ha hablado acerca de mí y fernando, te ha dicho que no somos personas accesibles, este encuentro accidental ha sido una coincidencia que espero sirva para que encuentres el camino de la verdad en todo esto, claro sería sí a ti te apetece. Antes que nada, me gustaría presentarte a mi eterno compañero Fernando. Espérame un momento iré a buscarlo.

Yo no pensaba otra cosa que salir corriendo a buscar mí equipo para hacer un reportaje, estaba eufórico no podía creerlo hasta parecía un niño cuándo recibe algún dulce.

Pasado unos minutos Antonio llegaba con su compañero muy sonriente y me presentaba.

—Este es el hombre de quién té había hablado su nombre es fernando. Fernando él es hombre a quién le habías reconocido cuando nos cruzamos, es el amigo de Andrés el de las fotos.

El hombre muy fuerte corpulento con una personalidad y brillo imponente me daba un apretón de mano.

—Mi nombre es Fernando y mi nieto Andrés ya nos había comentado del trabajo que usted se encontraba realizando acerca de la homosexualidad, también nos comentó que le estaba siendo difícil encontrar el camino para darle continuidad a su trabajo, sobre todo inspiración para su objetivo.

La razón del por que nos gustaría ayudarle sería por que es amigo de mi nieto, el cuál se encuentra al tanto de su trabajo, está muy bien informado por motivos particulares y su pedido explícito fue la de presentarnos alguna vez, hasta podría decirlo siente mucha admiración por usted.

Pero bueno dejaré de hablar de Andrés, espero aproveches esta oportunidad y obtengas de nosotros lo que tanto buscas, antes que nada ya te habrás percatado que somos parejas.

Esvozando una hermosa sonrisa después de su comentario.

Yo seguía sorprendido por la explosión de estos seres me ponía de pié, Antonio observándome proseguía ante la mirada de Fernando

—¿Quieres comenzar aquí o dónde tú quieras?

Aquellos dos seres fueron definitivamente enviados por alguna fuerza, por alguna energía, no tenia explicación, me dejaban tenso con muchos nervios, era arrebatador la personalidad de uno de ellos, el que llevaba de nombre Antonio, yo con la boca seca le respondía.

—Iré a buscar material para comenzar este reportaje si me lo permiten.

Sonrientes sentado como si el tiempo para ellos no sea importante me observaban, Yo les veía mágicos, hacían que la hora se detenga y que todo apuro en aquel momento pudieran ser en vano. Antonio detenía mí apuro poniéndose de pié

—Espera un momento, acércate y pásame la mano no te pongas nervioso.

El tocándome la mano con una mirada algo así como de flirteo, de buscar una conquista, tomaba del todo mi mano y con una voz suave y una leve sonrisa me decía

—El acto qué haré busca sentirlo, cierra los ojos.

Dejándome llevar sentía sus manos fuertes apretando las mías y ya soltándolo sentía una leve caricia en la misma al dejar de presionarlo.

—Sígueme, permíteme acariciarte abrazarte no temas solo siéntelo

Sentía cómo mi rostro cambiaba de color como teñido en sangre, al sentir su caricia en mi costado, mis sentidos estaban latentes, sentía un extraño calor en cada pliegue de mi piel llegué a pensar que era de los nervios.

—¿Lo sientes? Ahora abre tus ojos y observa esta mirada, tu mente y tu visión psicológica están llenas de ideas pero ninguna de ellas es correcta, en esta caricia que te he hecho está una de las respuesta a tu búsqueda, esto es la homosexualidad no tiene explicación es pura pasión, arrebatadora, es cómo prohibida si te encuentras ajena a ella y se presenta de forma tentadora, si no lo aceptas es difícil de sentirlo sobre todo cuándo vives presionado por la opresión homófoba de la sociedad en que te encuentras.

Realmente la única verdad es esta, es pura pasión, es bella, envidiable, perfecta, encontrarla será difícil sobre todo para todos aquellos que no lo acepten como sentimiento, para buscarlo té daremos ideas y te mostraremos uno de los caminos de cómo es ésto.

Mirándolo me quedaba totalmente hechizado, ajeno ya al entorno, mirando sus ojos azules, llegué a ver lo atractivo y ferozmente pasional que se volvía mi entorno, lo que trasmitía en sus conocimientos eran únicos muy profundos, habría que tener una predisposición para entenderlo, me atreví a sentarme frente a este hombre quién se encontraba sentado en mí banco y sosteniéndome de su fuerte mano me echaba al suelo de rodillas y demostrándole un respeto de hijo hacia padre.

—¡Por Díos lo he sentido!

Él me interrumpía:

—Este sentimiento está en todo ser humano lo puedes sentir vivirlo pero cuidarlo sería lo más difícil, porque su delicadeza es cómo su grandeza, si no lo cuidas puedes perderlo en el intento y lo mismo té puedes perder en ella por la pasión que lo impulsa.

Sus comentarios eran muy profundos, para entenderlo tendría que haber un interés y una predisposición para vivirlo.

Yo pedía educadamente permiso a ambos para traer mis materiales, ellos encantados de mí esperaron sin moverse en aquel banco de color naranja. Ya con todo lo necesario, me presentaba al sitió, traía conmigo un termo cargado de té frío y galletitas, una mesilla, mi grabador, mi planilla y los lápices, al verme llegar con semejante carga se rompían en risa

—Vaya carga ¿Podemos ayudarte en algo? Comentaba Fernando.

Yo sudoroso me acomodaba frente a ellos en aquella hermosa plaza con los bancos de color naranja, en los canteros se veían diversidades de plantas llena de flores que daban por la parte de atrás, el aíre estaba inundado de un sin fín de aromas florales y a muy pocos pasos del sitio se escuchaba correr la corriente de un hermoso río, el lugar era perfecto para comenzar el reportaje.

Muy rápidamente buscaba ponerme cómodo a la vez observaba a los dos muy sonrientes como siempre, muy relajados seguían cada movimiento que hacía, y no sabía cómo plantear el reportaje, hasta que de forma repentina Antonio me pedía que preparase el grabador y que cogiese los lápices.

—¿Te parece bien si damos comienzo con mí historia? cómo fue desde un principio, cómo mí vida tomó otro camino pidiéndote qué ante cualquier duda que tengas tomes nota para comentarlo luego al final.

Así comenzaba el esperado relato.

Relato de inspiración

Esto sucedió hace muchas décadas atrás en un día de verano, recuerdo que me encontraba caminando por una hermosa calle qué conducía a una antigua librería, al dejar mi automóvil en el aparcamiento observé que había un hombre que me seguía con la mirada, pensé que era algún conocido del lugar, al mirarlo el hombre evadía mi atención. Dándole poca importancia continúe mí camino hasta llegar a las puertas de la librería, recorriendo por los pasillos mirando los libros de mi interés, cogía algunos y me dirigí a pagarlos,al salir de nuevo vi al hombre uniformado de muy buen parecer dentro de la librería que no dejaba de observarme, era evidente que no lo conocía pero me hacía sentir muy mal su mirada, era como si fuese que este espiándome.

Una vez pagado los libros decidí abandonar el sitió y muy sigilosamente al salir observé un espejo que se encontraba por encima de la puerta de salida, esta persona se disponía a salir detrás mío, fui caminando él me seguía cuando giré ya no lo encontré, seguí mi camino hasta que de repente sentí a alguien dándome golpecitos en la espalda, sentí mucho miedo, al darme vuelta no podía saber de quién se trataba lo único que veía era un gorro militar y una esbelta figura, quedándome de pie lo observaba, su pulcritud me llamaba poderosamente la atención su aspecto era cómo de ficción muy perfecta, sorprendido preguntaba

—¿Quién eres? ¿Me estás siguiendo hacía un rato desde el aparcamiento? No me atreví a acercarme y hablarte, pensaba que eras algún conocido. Sabía que me estabas siguiendo.

Él no me contestaba, guardaba silencio, hasta que de forma repentina observé sus ojos y muy sorprendido

—Espera ¡Será posible! ¡Eres Fernando!

Él quitándose su gorro militar con su vos ronca respondía.

—Sí efectivamente soy yo, no te imaginas cuántas semanas he tardado en dar con tú paradero, mírame aquí estoy te he estado buscando hace bastante tiempo amigo mío y perdona por mi actitud

Antonio muy eufórico proseguía

—Por Díos ¡Qué contento me pones amigo mío! Pero qué fue de ti, al terminar el bachiller te habías perdido de todos, es que han pasado mucho tiempo, más de una década.

—Así mismo, casi una década y medía Antonio.

Antonio pidiéndole permiso lo cogía del brazo

—Te invito a tomarnos un café, para ponernos al día

Y muy feliz abrazándole durante todo el camino, nos fuimos.

Él muy contento con el rostro lloroso y yo eufórico por el encuentro, así caminábamos muy rápidamente para llegar al sitió.

Una vez en el café su silencio y su mirada me sorprendía, le veía muy nervioso, sobre todo al observar su uniforme militar frío pulcro, tocándole la mano le preguntaba

—¿Qué te pasa amigo mío? Te veo muy raro con ese uniforme, estás muy silencioso

—Es que en dos días es mi cumpleaños espero encontrar a todos los amigos

—No te preocupes Fernando, yo té indico cómo llegar a ellos, están todos casados y con familia, ahora té doy los números.

—Yo observaba a los dos mientras Fernando no quitaba sus ojos lánguidos clavados a los de Antonio este comportamiento indicaba la complicidad que tenían. Antonio proseguía:

—¿Y qué me cuentas de ti?

—De mí no tengo en este momento nada trascendental de que hablar, que estoy soltero y que he terminado la carrera y que serviré en la capital aquí muy cerca ¿Y tú?

—Yo lo mismo Fernando, soltero pero con diferencia que me dedico en este momento a lo que más me apasiona, las leyes. Ahora me encuentro de vacaciones, después de estas vacaciones ya tengo contrato para uno de los mejores bufete de abogados de la ciudad. Lo logré amigo mío, he terminado y fui el mejor de mi promoción.

Yo tenía por alguna extraña razón un comportamiento raro, no dejaba de tocar sus manos, pensando que era por inercia no pensaba nada más que en mi amigo, por que el momento y la atención completa fue para Fernando y yo eufórico seguía

—Pero es fabuloso, increíble ¿Quién lo iba a pensar? Amigo mí vida con este logro ha dado un fuerte cambio.

Fernando mirándome con unos ojos indescriptibles me preguntaba

—¿Y no tienes ningún proyecto sentimental Antonio?

—No, ya sabes cómo fui en el pasado sigo siendo igual, además no me sobra tiempo para esa parte de mí vida, ahora me encuentro centrado en mi carrera que es mí pasión y es difícil encontrar a alguien que me acompañe y que me comprenda, además no se ha cruzado nadie que me invite a vivir algo sentimental, aparte de ésto tengo otra pasión que es la de viajar.

A continuación de este comentario sonaba mí teléfono, era una futura compañera de trabajo la cuál me pedía ayuda en ciertos pasajes de leyes para salir de algunas dudas que tenía, él me observaba, yo haciéndole guiños le seguía tocando las manos, en él parecía estallar su rostro y su mano muy temblorosa sudaban.

Pidiéndole permiso por las tareas y el compromiso que tenía pedía encontrarnos otro día a fernando, porqué yo estaría ocupado toda la tarde hasta la noche, el no tubo problemas pero me pedía aceptarle un almuerzo y sonriente mencionaba como llamándome la atención irónicamente.

—Espero sea trabajo, o cómo siempre será tus conquistas en deshoras.

Yo evadiendo sus comentarios le respondía.

—Gustoso acepto la invitación.

Y de esa manera terminaba el primer encuentro con Fernando.

Llegó la hora del encuentro para el almuerzo.

Pasaron las horas y con ellas la mañana, el muy rasurado y con una rara sonrisa me estaba esperando, yo tan simple cómo siempre me sentí un poco mal por llevar la misma ropa del otro día, al llegar mí primer comentario fue.

—Perdona que llegue así para el encuentro

Fernando muy contento y sonriente respondía.

—Por qué me dices esto si tú no necesitas nada para estar perfecto.

El pasándome la mano intentaba saludarme; No se hizo esperar mi genio

—¡Noo, salúdame como siempre Fernando! ¡No me pases la mano amigo mío! Abrázame cómo siempre lo hacíamos.

Lo abracé fuerte y Fernando me susurró en el oído que le gustaba mucho mí presencia, yo lo cogí del brazo hasta sentarnos, pero había algo raro de su parte yo observaba en él especialmente su mirada, también en su conducta, pero como contraste a esto existía en mi vida muchos aspectos a lo que estaba acostumbrado, modestia aparte, siempre tuve las admiradoras y los admiradores gay en la universidad, también estaba mi pensamiento sumergido en aquellos conceptos que imponía el sistema social acerca de la homosexualidad que nunca pude explicármelo ni darle ninguna importancia.

—En el momento pensé ¡Vaya mente enfermiza! Podría ser que este equivocado en lo que veía.

Pero seguí sin darle importancia al tema.

Lo único que me importaba fue la compañía de mí amigo Fernando y así lo hice mientras que él no paraba de lagrimear muy emocionado, mi pregunta fue

—¿Qué te hace estar tan nervioso y melancólico?

No me respondía con la respuesta que esperaba, el comentario que hizo fue lo difícil y duro que pasó en este largo tiempo que transcurrió y que no pensaba encontrarme aquí muy cerca de donde él se había alojado.

No entendía su respuesta y mis palabras no fue muy agradable para sus oídos

—Pero que dices Fernando, con o sin amigos la vida continúa

De mí parte no insistí con más preguntas, no permití qué aquel almuerzo se estropee por culpa de una indiscreción, hablé de temas del pasado para entretener el momento y a la vez salir de aquella sería situación, terminado el almuerzo nos bebimos el vino y acepté la invitación que me ofrecía para la noche de su cumpleaños.

Pasaron los días y de esta manera llegaba la noche del cumpleaños, yo muy curioso e intrigante acudí a su fiesta más temprano que nadie.

Al llegar Fernando estaba acomodando los últimos detalles en una pequeña mesa, muy amablemente me ofrecía algo para beber yo lo aceptaba hasta que de pronto su mirada despertó en mí el deseo de conocer aquel comportamiento extraño que tenía y qué me inquietaba de sobremanera, sin mala intención con mucha curiosidad aprovechando su intensa mirada pregunté.

—¿Por qué en ciertas situaciones me miras con ojos muy raros?

El como asustado apresuraba su respuesta

—No té miro de forma rara ¿Qué respuesta estás buscando Antonio? Esta es mi forma de mirar ¿Por qué me haces esta pregunta?

—Por que no puedo evitar verlo, tus ojos se languidecen cuando me acerco a ti, cómo ahora y lo cogí del hombro y luego lo abracé.

Este comportamiento que tenía asía él, le había sorprendido de sobremanera. De mi parte en un momento dado aparte del aprecio me sentí algo extraño, como un comportamiento desubicado, confuso, no entendía mi actitud pero no tardé en darme cuenta de lo que estaba pasando, cuándo de repente mientras que mí fuerte abrazo continuaba sentí de forma suave la caricia de mi amigo Fernando que bajaba por mi costado, fue entonces que lo aparté de forma suave preguntándole.

—¿Qué pasa Fernando? Cuál fue mí sorpresa al ver todo su rostro empapado en lágrimas.

—¿Qué pasa amigo mío? ¿Tienes algún problema háblame de ésto? ¿Qué te ocurre? Siempre estas con lagrimas

Él respondía

—Por favor no quisiera perder por esta situación tú amistad.

En ese momento me percaté de todo lo qué estaba ocurriendo, ya tenía cierta duda desde el momento que vi su actitud en el bar y con este segundo comportamiento me estaba afirmando lo pensado, lo único que sentí fue una duda de tocar el tema homosexual o dejarlo así sin darle importancia, también estaba mi curiosidad por la ignorancia que tenía hacia ese tema, también por que a pesar de todo él fue siempre mi mejor amigo a quién le llamaba él incondicional, él qué siempre estuvo en mis peores momentos, de esa manera continúe con toda la situación de forma egoísta para aclarar ese punto.

La pesada situación me inquietaba y con mucho tacto hice como si fuera que no entendía nada de lo qué le estaba sucediendo y continúe formulando preguntas.

—Mira Fernando este tema cada vez es más confuso para mi entendimiento ¿Te ha pasado algo muy malo a ti y tú no lo has comentado a nadie?

Mientras qué ésta pregunta surgía se repetían en mí mente las caricias que bajaban en mí costado, en ese momento como experiencia no fue nada bueno y me irritaba la idea de pensar que Fernando sea homosexual, nunca lo hubiera imaginado ni siquiera pensado, además fue totalmente inesperado y lo peor de todo esta situación estaba ocurriendo con uno de mis mejores amigos.

Entonces me fijé de nuevo en sus ojos y sin decir nada cogí sus enormes manos frías y temblorosas, lo apreté hasta estrujarlo y acerqué mí rostro al suyo y me dirigí a él dé forma suave.

—Jamás se me ocurriría retirar mí amistad de ti Fernando, háblame de esto trataré de comprenderte, no temas a nada aquí estoy para escucharte amigo mío.

Fernando se encontraba más nervioso en cada minuto que transcurría a pesar de esto entre lágrimas estaba dispuesto a continuar, de mí parte nunca había experimentado tal situación y mucho menos que yo fuese la causa de todo aquel sufrimiento que me demostraba.

Al escuchar el principio de su relato, había confirmado que estaba en lo correcto en mis pensamientos, en ese momento por culpa de los nervios Fernando perdía la compostura, cómo ya estaba al tanto de que iba su problema sin muchas vueltas y acariciándole el rostro le ofrecía mí pañuelo para secar sus lágrimas

—Amigo relájate no te pongas mal, no temas, escúchame, no te precipites ve despacio, aunque tú invitación o intención de compartir ésto qué tú sientes, para ti sea bueno y yo no lo comprenda, te escucharé pero advirtiéndote que el tema me saca de quicio, crea mucha tensión en mí y otra cosa más tú no pretendas qué participe de alguna manera en esto que sientes, te lo digo porqué este tema se encuentra muy ajena a mí, aparte de todo sería bueno para ti mismo por todo lo que sientes y no sé qué más podría decirte.

En ése momento le vi derrumbarse y su comentario me dejó frío.

—Perdóname Antonio mi sentimiento asía ti lleva muchos años siempre te amé, son décadas de sentimiento y sufrimiento

Lo miraba incrédulo, dándome cuenta que aquella situación era forzosa aunque me sentía egoísta, tomé la decisión de evadir todo tipo de barreras y comenzaba a relucir mi personalidad en su pesadez y frialdad.

Yo sentía qué tenía qué llegar a un lugar por lo que estaba sucediendo con él, de alguna manera me prestaba a la situación también por mi mismo, por las dudas y por no entender lo que me estaba sucediendo y lo dejaba continuar.

Fernando sentía mucho miedo, yo rompía su melancolía con risas y lo animaba a continuar y le insistía seguir con su relato personal y así lo hacía.

—Me gustaría aclarar que tú me estás pidiendo hablar de esto Antonio.

Este sentimiento fue creciendo en mí hacia ti de forma lenta desde la infancia, tú no te dabas cuenta que cuando coincidíamos, el comportamiento que tenía con tú presencia, esa mirada lánguida era la única expresión que no lo podía contener, abecés yo me percataba de tus miradas pero no veía ningún indicio para buscar o facilitar aquella oportunidad para hablar de esto, además mí temor era perder nuestra amistad.

Ha pasado el tiempo y a pesar que mi carrera sumado a mi carácter que tu sabes es de hierro, aunque ante ésto qué siento me hace sentir muy sensible hasta débil y mírame yo cómo un adolescente en un día muy importante como es mi cumpleaños estoy aquí hablándote de esto que siento, y esta oportunidad tú me lo estas regalando y me siento la persona más importante del mundo, si tú no dabas esta oportunidad mi cobardía no permitiría enfrentar esta situación qué está sucediendo, dime tú ¿Por qué en principio me habías pedido que pare y ahora me pides que te lo explique?

Yo contestaba fríamente a Fernando.

—Lo siento no esperes de mí mucho más que esto, te hago un acuerdo que no soy homosexual y lo que tú sientas es algo muy personal tuyo, otra cosa más no esperes comprensión de las personas que no saben de qué va esto que sienten, aunque de mi parte sienta hacia ti un gran respeto, espero me comprendas pero me encuentro totalmente ajeno a esto, nunca se me habría cruzado por la mente tener alguna experiencia homosexual, siendo poco modesto tú eras consiente de lo que mí presencia ocasionaba en toda la gente que me rodeaba, a quién mejor que a ti comentarle de aquel magnetismo animal que tenía, fue un precio alto que tuve que pagar con el tiempo, mírame me encuentro solo físicamente, nada me llena ni me satisface, ja ja ja yo estaba al tanto que habían admiradores, pero nunca se me cruzó por la mente que tú eras uno de ellos entre los tantos que me rodeaban.

En aquellos tiempos toda esa admiración no eran tan importantes simplemente eran halagos a lo que abecés hasta me desagradaban y tú sé qué siempre fuiste mi admirador muy personal, pero jamás se habría cruzado en la mente que fueras homosexual, yo estaba al tanto que te gustaba ponerte mis camisetas, sé que tenías varías de ellas sin mi consentimiento, tú sabrás que para mí toda aquella actitud era normal en todas la gente que me rodeaban tanto hombres como mujeres, para mí seguía siendo un alago a lo que siempre estuve acostumbrado.

Antonio detenía su relato, pidiéndome disculpas y mirando a Fernando preguntaba

—¿Prosigo?

Fernando consentía, un si con la cabeza muy sonriente, Antonio en sus formas rosaba la perfección y seguía con su relato.

—Ja, ja, ja aquella carcajada empapada en lágrimas pronosticaba que mi amigo Fernando se preparaba para narrarme parte de su verdad y yo ansioso quería escucharlo.

Seguía su risa y

—No te imaginas lo que tengo.

Y poniéndose de pies se dirigió a su habitación, con su rostro impregnado de felicidad que iluminaba el momento y abriendo una pequeña caja cerrada con llave Fernando seguía su relato.

—Lo cogí uno de esos días que fui a tú casa a esperarte, fue una de tus ropas íntima la que más me gustaba y que abecés bromeabas mostrándola con la vanidad qué té caracterizaba a todos nuestros amigos.

Él habría la pequeña caja de roble que tenía retirando de ella una ropa interior de muchos años atrás y lo llevaba a su rostro. Para mí aquel acto fue desesperante hasta me llegó a dar miedo porqué veía en sus ojos como una obsesión delirante.

Después de estos comentarios, Fernando pedía muy sonriente a Antonio continuar con el relato y así lo hacía

—¿Te acuerdas Antonio de aquella tarde cuándo terminabas de hacer deporte y yo te había acompañado a tú casa? tú me saludabas como siempre baboso con aquellos besos que dabas a todos nuestros amigos, me moría cuándo dabas a alguien que no era yo. Cómo tú no existía nadie tan liberal en su conducta, aunque no eras tan accesible como lo aparentabas en tu personalidad, recuerdo que siempre estábamos hasta abecés tres esperándote en tú cuarto mirando tus revistas de fútbol mientras te duchabas y siempre que terminabas de ducharte, nos pedías que abandonásemos tú cuarto y nos decías, mariquitas no les voy a dar lo que buscan, eras un chabacano sin medidas.

Hubo una tarde muy especial cuando te acompañaba después de aquel beso con bromas que me dabas, estaba nada más que yo en tú cuarto y como estabas con mucha prisa, habías dejado tú ropa interior en la puerta del servicio, fue la primera vez que te observé desnudo, tus glúteos perfectos y tu esbelta espalda me ponían histérico, apenas serrabas la puerta, cogía con mucho miedo tú ropa interior qué lo habías dejado en la puerta fuera del servició, lo llevé a mi rostro mientras tú te duchabas.

Tu olor a sudor me dejaba ardiente, no imaginabas que yo estaba pendiente de ti en todo lo que hacías, y esa vez no satisfecho me puse de rodillas para observarte por la hendija de la puerta, te veía ducharte, te frotabas tus partes, en ese momento apenas te observé llevando tu ropa interior a mi boca comencé a masturbarme hasta tener un orgasmo. Nunca permitiste que nadie te vea desnudo, cuando entrabamos en algún servicio público esperabas que salgamos todos, me acuerdo que cuando te duchabas en los lugares dónde hacíamos deporte con los amigos, tú lo hacías pero bajo llave.

Siempre al terminar de ducharte cuando estábamos en casa de tus padres y yo me encontraba en tu cuarto me pedías que me retirase pegándome con alguna ropa tuya, en esos momentos tu no té imaginabas lo excitado qué estaba a punto de lanzarme encima tuyo, abrazarte besarte, morderte, comerte.

Yo me quedaba con los ojos abiertos sin parpadear, el sudor mojaba mi rostro mis manos sudorosa cansada de sujetar el grabador temblaba, me encontraba totalmente impactado por lo que escuchaba y al ver que Fernando no paraba, seguía comentando su relato ante la mirada de Antonio sin ninguna interrupción.

Fernando tocándole los brazos a Antonio seguía su relato recordando los fuertes momentos que fueron para él estando toda su vida pegado a él sentimentalmente.

—Te acuerdas también que teníamos que acudir a una cita que habías hecho con una de tus conquistas. Fue aquella noche lluviosa dónde yo insistía, quedarnos en tú casa a bebernos algo, tú no escuchabas, no querías saber nada, salíamos juntos bajo esa terrible lluvia, aquella colonia que usabas me enloquecía, ja, ja, ja ante tú insistencia en salir lo cuál al final fue muy acertada y apenas salíamos de la puerta té despedías de tu madre y sin soltarme del brazo caminábamos por la calle, no te imaginabas lo feliz que me ponía aquella experiencia, yo pedía a Díos que siga aquella lluvia, increíblemente el cielo se desbordaba como cómplice de aquel momento yo excitado deseaba abrazarte y comerte los labios a besos, tú guiabas mis pasos en aquella noche entre las fuertes gotas que caían, para mí era como un sueño siempre tú has sido un amor imposible, muchas noches he pasado sin dormir por tenerte en mi mente, me acuerdo que luego llegamos a la parada del autobús en aquella calle oscura en donde ningún transeúnte aparecía, yo tímidamente te cogía del brazo, tú no te percatabas de nada solamente seguías esperando el inoportuno autobús que irrumpía aquel momento de ensueño, nunca pude decírtelo en el pasado ahora te lo estoy contando como tú lo has pedido, además te encuentro muy diferente por lo que haces y a lo que te dedicas y también muy quieto, soy consciente qué fue el pasado y fui un enamorado patético y cobarde por no haberte hablado en aquellos tiempos de mi sentimiento.

Antoni pedía seguir sonriente muy cariñoso con fernando, tanto que le daba un beso apasionado frente a mi. Me quedaba frío mirándolos, lo hacían con tanta naturalidad que anulaba todo sistema social en mi mente. Antonio proseguía

—Aquella situación Fernando lo estaba poniendo cada vez más

fuerte para mi, por todo lo que sentía, por toda la pasión que desprendía en sus comentarios, esto seguía creando una posición forzosa hasta prohibida para mi, su comportamiento daba un cierto aire de esperanza para sí mismo, además de llevar un comportamiento de flirteo o conquista, sentía una intención de querer despertar en mi algo, que de mi parte no llegaba a comprender seguía siendo confuso, de todos modos con mucha precaución me mantenía curioso, y muy temeroso por la situación, aunque aquel momento parecía algún trama sacado de alguna ficción o novela de vampiros, en la cuál Fernando era el chupa sangre y yo la víctima ja ja ja, en ese momento lo único que se me ocurrió es hacer un comentario de algún recuerdo que llegaba a mi mente, para que de alguna manera pudiéramos continuar con aquella conversación y situación tensa, confusa para mi entender.

Antonio seguía con su relato, bajo la sonriente mirada de Fernando y yo en silencio sudoroso me disponía a cambiar la cinta de mi pequeño grabador, este reportaje me tenía conmocionado, era increíble me dejaba atrapado, era tan real en ambos sobre todo muy importante por el tiempo que lo vivieron, esta experiencia sentimental entre Antoni y Fernando tenía más de treinta y cinco años. En aquellos tiempos la homosexualidad era totalmente rechazados por el sistema social.

Antonio se preparaba para seguir mientras Fernando bebía un buen sorbo de té con limón y así seguíamos con el relato de Antonio que lo vivía intensamente al comentarlo.

—Tengo recuerdos cuándo yo te cogía jugando por detrás, ahora entiendo por qué tú no hacías nada por zafarte.

Te acuerdas de aquellas cartas que creaban algo inesperado en mi, una situación del pasado que me había hecho estremecer y llevado al estrés emocional.

—Te acuerdas que en los días de San Valentín en dónde siempre aparecían aquellas cajita de chocolate, con algún trocito de oro envuelto en un papel especial, aquellas cajitas nunca indicaron de quién era, iban acompañados por pequeñas notas escritas muy cortas en las cuáles la ortografía eran parecidas cómo hechas por algún niño, en cada día festivo del año aparecían las cajitas y mira esto, alzando las manos temblorosas le mostraba mi anillo, este anillo lo mandé hacer con todos los tracitos de oro que me enviaba la persona que me tubo mucho tiempo en vilo.

Él incrédulo pedía verlo de cerca, le mostraba, él con el tes rojo lo miraba incrédulo, ya me imaginaba que él fue el autor, muy serio seguía comentándole aquellos terribles momentos que pasaba por todo el misterio que el chocolate y los pedacitos de oro que ocasionaban en mí un estrés y desesperación. Aquellas notas significaban un sin vivir, hasta pase situaciones muy malas imposible de creerlo.

Té acuerdas de Fátima ella utilizó mí desesperación para llevarme a la cama diciéndome que era la autora de esas notas, sin mentirte yo me encontraba en aquellos momentos perdidamente enamorado de todas aquellas notas que iban tomando un tinte inalcanzable y lo peor sin saber ni imaginar siquiera de quien se trataba, hasta qué después descubrí qué Fátima creo toda una mentira. Se me ocurrió preguntarle que decía en la última nota, a la cuál respondía que no se acuerda de nada, este anillo es lo único que me queda de aquellos momentos.

El cogiéndome de la mano y besándola me respondía

—"Era yo Antonio"

Sin alzar la voz magnetizado por la situación con la sangre hirviendo respondía

—Ya me imaginaba que eras tú el truhan que hacía todo aquello ja, ja, ja, hay mi Díos que patético fui, por ser tan torpe y no dejar mí miedo y mi carácter terco e ignorante atrás. Al hacer estos comentarios no me había dado cuenta que la situación se me estaba yendo de las manos complicándome cada vez más y comenzaba a transpirar, mis nervios pasaba facturas sobre todo al ver que Fernando me pedía salir al balcón, yo encendí un cigarrillo y la confusión en mí mente creaban muy malos pensamientos, hasta que tras calarme medio cigarrillo y guardar silencio miré desde el balcón todas esas luces que brillaban como cómplices de mi nueva y loca experiencia y tras un profundo suspiro mí pregunta fue.

—¿Y ahora qué Fernando?

Sonriente muy lloroso mirando la mesa que había montado se acercó muy lentamente y

—Perdón es que me encuentro tan feliz Antonio, es el mejor cumpleaños de mí vida esto siempre fue mi sueño estar a solas con tu presencia.

Después de estos comentarios me vienen recuerdos, uno de ellos fue qué guardé un silencio tétrico, ese silencio duro un buen rato y yo lo miraba confuso al borde del llanto, hasta que de repente Fernando me pidió que le pase mi mano y con la vos temblorosa me decía entre risas.

—Antonio espero no te molestes, no te has dado cuenta de la hora qué es y qué nadie ha llegado, tú eres el único invitado a mi fiesta, ja, ja, ja, ésto lo hice para estar solos tú y yo.

Mi mente evadía todo tipo de restricción mi sentimiento hacia añicos a todo trauma, las mariposas revoloteaban en la boca de mí estómago y de nuevo mi mente gritaba reacciona se libre, dí tú verdad, grita tú libertad, así lo hice mi reacción fue acercarme más a él y tocándole su rostro con una risa desenfrenada le pedí disculpas por mi torpeza y por no llevarle en cuenta en el pasado, y por consiguiente acerque mis labios a su oído y susurrándole surgieron mis deseos y mi verdad.

—Con esas notas y los trocitos de chocolate conquistaste mi amor y desde ese momento fuiste el amor de mi vida y ahora te he encontrado lo siento ahora serás tú el que no podrá zafarse de mí.

Mí comportamiento era inexplicable sobre todo porque nunca en mí vida tuve una experiencia homosexual, aunque aquella situación era muy especial nunca lo había experimentado y le estaba agradecido por lo que había hecho, su plan fue muy alocado pero perfecto, por lo que significaba desde aquel momento, vivir mi verdad sin mirar ningún sistema.

Desde entonces Fernando formaba a ser la razón de mi existencia y desde esa noche hasta hoy, mi pasión por él jamás ha flaqueado y míranos aquí estamos ante un joven buscando inmortalidad con una obra que espero lo consigas, tú sigue tu objetivo y hazlo con seguridad, bien hecha, bien presentada, que el nombre de tú obra sea llamativa, atrevido, así como es el sentimiento homosexual, habla de la verdad, de la hipocresía social, de la fuerza, haz que todos los seres que sientan este sentimiento lo vivan con grandeza, brillo, y sobre todo felicidad, conviértelo en un tesoro de ayuda y respaldo emocional, hazlo y qué invite a leerlo conocerlo té llevará tiempo espero verlo y aquí termina mi relato.

Después de estas declaraciones de esta pareja perfecta y mencionando que los hijos de Antonio han nacido a mitad de su relación por lo impuesto por la sociedad de aquellos años, en donde sus sentimientos vivían ocultos en las sombras por temor al daño que podrían recibir en sus carreras, hoy los miro y veo que son unos padres orgullosos con unos hijos con grandes éxitos económicos, han estado en los lugares más bellos del mundo juntos y han pasado por momentos inolvidable amándose por el resto de sus vidas, sus últimas palabras fueron;

"Esto es la homosexualidad, así de bello, angelical etéreo," híbrido sería si uno lo quiere", eso sería un detalle para este sentimiento, hay padres, hay madres y hay sentimientos inexplicables, padre es aquel que quiera serlo, serlo implica un sentimiento de responsabilidad y como tú sabrás existen muchas variedades de padres que justamente buenos muchos no son.

La historia narrada por estas dos personalidades, personas dignas de admiración fue el detonante de esta travesía.

Muchísimas gracias para Antonio y para Fernando que mejor inspiración para comenzar la obra, jamás olvidaré este reportaje, así pasamos esa tarde como tres amantes en una primera velada como eternos amigos envueltos en una increíble magia, lo cuál condujo a descubrir un mundo nuevo en dónde es fácil sentirse tentado por ella pero muy difícil de vivirlo y enfrentarlo si no perteneces al mismo.

Este impresionante reportaje ha sido motivo de inspiración para la parte ficticia que lo encontrarás más adelante que espero sea del agrado de todos, dedicado a Antonio y fernando con mucho cariño para ellos "Antoni y Alexander".

El reportaje realizado a Antonio y Fernando dio la fuerza necesaria para emprender esta experiencia, estos dos ángeles fueron el broche de oro y el detonante para lanzarme a esta aventura, aumentando las fuerzas y ganas de encontrar respuestas, desde la realización de este reportaje que significó el impulso de seguir con este trabajo que fue determinante y no tuve pausa hasta llegar al objetivo.

El descubrimiento accidental de Antonio y Fernando lo hice después de investigar todo lo referente de la homosexualidad, estas investigaciones están impregnadas en las próximas páginas.

Reportajes

En todo su contenido encontrarás muchos temas muy fuertes homofóbicos, como reportajes, espantosas experiencias y hasta algunas terroríficas.

Estos reportajes están basadas por hechos verídicos en donde los mismos protagonistas fueron relatando en innumerables ocasiones sus experiencias.

Uno de los reportajes hechos en cientos durante el transcurso de mis investigaciones aunque me haya parecido muy fuerte por su contenido plasmarlo en tinta, es más visualizarlo estremece por que las imágenes son espantosas y terroríficas.

—Este reportaje he decidido publicarlo por pedido de la madre, por la muerte espantosa de su hijo, y por su amigo quien fue testigo de la toda esa espantosa y terrorífica imágenes.

Era un día de verano muy caluroso, Cristian un joven homosexual lleno de vitalidad alegría y entusiasmo llegaba a su casa cansado de tanto trabajar, él era un profesional del estilismo, sus sacrificios lo dedicaba a su padre y madre.

Su madre siempre lo esperaba con una sonrisa y mucho entusiasmó, ella diseñaba pequeños jardines en el amplío patio de su casa las cuáles dedicaba a su hijo Cristian, quién en sus días libres con un pequeño alta voz sentado en medio del jardín hecho por su madre escuchaba músicas románticas y peinaba algunas que otras amigas vecinas de forma gratuita, él fue muy querido y admirado por todas las madres del vecindario.

Una noche llegaba muy tarde a su casa, su madre ya se había acostado a descansar, él se duchaba y salía a buscar algún refresco y cosas de una estación de servicios que se encontraba a cercanías, sus movimientos eran muy femeninos todo el vecindario lo conocía, él llegaba a la estación entraba al sitió y cogía las cosas que necesitaba, luego lo pagaba y de paso saludaba a un amigo de infancia a quién tenía mucho apreció el cuál se encontraba en el lugar

—¡Hola Pedro! ¿Cómo está tu madre? Pedro respondía

—Siempre en la casa dando lata, abecés pienso en apartarme de ellos están controlando todo lo que hago, pero me es imposible sin ellos no podría vivir ¿Y tú?

—Como sabrás yo siempre estoy con mis padres lo mismo que tú son mi razón de existir y también con mi pequeño perrito que es uno de mis mejores amigos.

De forma repentina fueron interrumpidos por uno de los amigos de Pedro que se encontraba fuera con otros amigos, entraba y se dirigía a ellos con ironía despectiva

—¡Amigo mirá lo que has ligado! Vaya finura, mira toma más dinero y llévate más cerveza, te esperaremos fuera y también a tu prenda puede que le guste unos buenos tragos ja,ja,ja entre risas se retiraba

Así terminaban sus compras salían fuera y se apartaban del sitio hasta que por el camino este amigo llamaba a Cristian para beber con ellos, Pedro lo animaba y él le respondía

—No me gustan las burlas ni el desprecio de algunos de tus amigo pero me iré unos minutos solo por ti por que te considero como a un hermano.

Apenas llegaban uno de los amigos de Pedro comenzaba a burlarse

—¡Guau está muy guapa la amiguita de Pedro! El hombre con sonrisa burlona tocándose sus partes se acercaba a Cristian mientras que Pedro se interponía en su camino diciéndole

—¿Por qué te metes con él? Para esto lo han invitado, déjalo Rubén es un amigo del barrió y no le faltes al respeto, ustedes mismo lo han llamado, si es para burlarse será mejor que nos vayamos Cristian.

Mientras que el otro amigo se interponía en su camino de forma burlona les insultaba

—Vaya mariquitas ¿No tienen vergüenza para estar en nuestra sociedad ? Los qué se merecen es ésto y a continuación empujaba fuertemente a Pedro tirándolo al suelo y el tercer amigo daba un fuerte golpe de pie en el pecho a Cristian quién se caía de espalda, el cuarto hombre muy ebrio entre patadas y risas que daba a Cristian destapa un bidón de combustible con el cuál lo bañaba, el otro entre gritos y risas arrojaba el cigarrillo quemado a Cristian, quién envuelto en llamas pedía auxilio corriendo unos veinte metros para echarse de dolor al suelo, hasta quedarse inconsciente ardiendo hasta quedarse muerto, ante la risa y burla de estos espantosos y terribles seres, para luego salir huyendo del sitio.

Este reportaje lo hice de forma muy difícil al amigo de Cristian, quién no paraba de temblar y en cada momento repetía que las imágenes le daban pánico, terror, que hasta hoy día sigue teniendo pesadillas a causa de este espantoso acto.

La madre bañada en lagrimas pronunciaba

—¿Por qué la gente comete estos actos de rechazo hacia otros seres? Todos somos hijos, todos somos madres y padres.

De esta manera Pedro y la madre de Cristian dieron su testimonio.

Visualizar ésta acción verídica es terrible, este reportaje y muchas más hechas que espero en el transcurrir de mis escritos no vuelva a plasmarlos ni mucho menos espero no ver ningún acto espantoso o ser testigo de ninguna situación parecida a ésta y que las madres no acepten ni un concepto homofóbico y lo más importante cuidad la homosexualidad de vuestros hijos defendedlos, no permitan ser victimas de ninguna discriminación como la madre de Cristian y muchas madres más, estos aberrantes seres despiadados con sus actos homofóbicos han dejado a una madre sin su único hijo que era su razón de existir, lo arrebataron siendo un hijo joven ejemplar.

En los muchos reportajes de otros estudiosos gracias a las envestigaciones hacia la homosexualidad, que de mí parte no ha llegado a calar de forma faborable asía este tema, al no estar de acuerdo con muchos de ellos me he reafirmado seguir con mis investigaciones esperando llegar a un buen puerto, con buenas intenciones de marcar y cambiar las perspectivas de ver en muchos seres humanos y el papel protagónico que lleva la sociedad para todos los jóvenes de éste tiempo, los cuáles enfrentarán a la terrible mentalidad homofóbica oculta merodeando con hipocresía en algún de lugar menos esperado.

No temais, el sentimiento puro sin maldad no tiene cara, vivid vuestras vidas y cuidad las vidas de vuestros hijos, sin mirar el maquiavélico rostro de la homofobia.

REPORTAJE DE UN CRÍTICO HACIA EL TRABAJO DEL AUTOR

En una de las tardes me encontraba terminando las compras para las necesidades de la casa, de forma accidental me encontré con una persona que trabajaba en un lugar público, él se presentaba y me pedía un reportaje, más por curiosidad que tenía por que había llegado a sus oídos el tema del cuál yo me encontraba trabajando, mi respuesta fue negativa, su insistencia lo hacía con intensidad a tal punto de dejar notas en el buzón de la casa, mirando sus formas y pesadez acepte un reportaje, más por mera curiosidad para ver cuál era sus intensiones y donde quería llegar. También lo decidía para sentir a lo qué me tendría que enfrentar en el futuro, dándole un espacio en este proyecto ante los comentarios negativos de mi entorno familiar que no aceptaban a este ser por saber de su mala actitud y sus malas intenciones sobre todo en sus comentarios escuchados, aun así decidí aceptarlo.

Así pasaron los días y llagaba aquel encuentro, este hombre de nombre Armando llevaba alguna mala intención para aquel encuentro por los comentarios que había mencionado antes y más por sus muecas despectivas.

Sonaba el timbre de la casa, yo cansado y gastado por las resacas de las madrugadas continúas producidas por la inspiración de mis escritos, bajo algunas pequeñas dudas de los conceptos homofóbicos del pensamiento social que se interponían a las respuestas positivas acumuladas, para seguir y centrar este tema tan candente de la homosexualidad que atrasaban mi objetivo, poniéndome de pies sin ganas y con poca paciencia me dirigía a la ventana para ver si era el reportero.

Abriendo la puerta me asomaba para recibirlo, su puntualidad inglesa y su figura maltrecha me traían malos pensamientos, su delgadez extrema me traía imágenes de los horribles campo de refugiados judíos del holocausto nazi, este hombre quién de forma muy atrevida comentaba

—Estoy aquí para saciar mí curiosidad después de leer algunas páginas que me ha enviado y así conocer ciertos argumentos que según mi entendimiento no convence a mis conceptos y que sus pretensiones vayan más allá de lo aceptable.

—De mi parte no aceptaba como se presentaba en expresión, traía un aire consigo de castigo, yo al percatarme desde el momento cero a que iba su presencia, me atrevería a decir que este iluso pretencioso pensaba machacar mis intenciones de hacer realidad las verdades acerca de la homosexualidad, algo se traía detrás de sus comentarios y anteponiendome a él de forma irónica y con una mirada penetrante permitía su atención que de mi parte era prestarme al juego del debate, al instante cambió mi día y mi humor, con muchas ganas lo dejé pasar y permití lo deseado, lo buscado por él.

Así comenzó aquella tarde, el reportaje que daba hambre a mí inquietud de tomar impulsó para dar los últimos toques a estos escritos.

Este hombre con un carácter imperativo y con su aire frío con las palabras mal intencionadas que salían de su boca, observándolo de pies a cabeza, sus labios manchados en negro y de fondo las dentaduras hechas añicos por el efecto de la nicotina, se dirigía a mi con la vos ronca.

—Espero que entiendas mi atrevimiento y usted de comprometerse a responder toda pregunta, quiero que sepa que mi trabajo en el periódico local dónde me encuentro lo realizo con mucha constancia, espero cumplir con mi labor.

Le respondía sonriente

—Estamos aquí para esto, comencemos, espero que a su periódico le sea útil este reportaje, aunque intuyo con que pretensiones personales usted se encuentra aquí.

—¿Dígame señor usted piensa que su obra estaría al nivel de la heterosexualidad sin tener en cuenta los conceptos ya establecidos en la sociedad?

—Pues hombre claro que si, en las mismas partes existen sentimientos, esto es la base del trabajo hecho con mucha labor y esmero por mi y mis colaboradores.

Antes de seguir me gustaría que me responda a una única pregunta que le haré y de acuerdo a la respuesta que me dé, seguiremos con esto.

Afirmando con la cabeza y un sí muy suave me miraba sorprendido.

—Esta es mí pregunta ¿Usted es homosexual, bisexual, heterosexual o tiene una tendencia especial oculta?

Él hombre sorprendido con la boca abierta respondía

—Perdóneme Señor ¿Por qué esta agresión? Está dirigiéndose a mí de forma despectiva queriéndose llevar agua a su corriente.

Con cierto sarcasmo yo continuaba

—Pienso y creo que esto sería para mí una pregunta especial dirigida a usted antes de responderle otras preguntas ¿Por qué despectiva? ¿Por qué para usted la homosexualidad es un insulto? Así sería cómo usted lo está queriendo dejar, simplemente es mi primera pregunta por lo que veo le ha caído muy mal.

Luego yo proseguí robándole protagonismo, peor aún veía que se retorcía inquieto al verme atacar y con una sonrisa casi burlona, utilizando mi sutil conducta hice de espejo suyo mostrándole su mala educación.

—Ya no es necesario que me respondas ya he entendido con que intenciones viene y de que va su presencia. (Para mí era claro su homofobia oculta)

Continuando respondía su pregunta.

—En este trabajo no maltrato a ningún sector de la sociedad, aunque nombre en ella al sistema social homófobo, simplemente describo sus formas ocultas de obrar contra la homosexualidad y hablo de una parte de la historia que corresponden a la homosexualidad, esta pequeña obra como usted lo llama, toma el perfil de unas investigaciones en diferentes épocas inclusive llegamos a tiempos inimaginables. Para nosotros es muy importante estas investigaciones, que van convirtiéndose de forma muy lenta en una verdad que se ha quedado oculta con el correr de los tiempos, sin pretender cambiar el curso de la actual evolución social, poniéndole como protagonista real y defendiendo el sentimiento homosexual que fue muy menospreciado por las sociedades pasadas y también por la actual que siguen tratando con hipocresía este tema sin darle importancia al futuro de los hijos.

Este trabajo sería mi aporte a toda esta nueva generación existente, mostrando con estas investigaciones la verdad que para muchos millones de homosexuales estarían ajenos, estas verdades se encuentran estancadas, ocultas detrás de muchas manipulaciones del pasado. También serviría para el sistema heterosexual por la misma conducta en la sociedad con sus leyes que tratan muy superficialmente los derechos y posicionamiento de la homosexualidad, pensando en sus propios hijos que serán el futuro, aclarando que lo más triste sería para los mismos ser testigos de como el sistema siempre mantiene a la homosexualidad desplazada de la sociedad, no permitiendo un sistema educativo para nuestros hijos, para que de esa forma tengan el conocimiento necesario para el entendimiento de la vida homosexual, nunca lo han respetado, peor aunque teniendo una prueba intangible que la homosexualidad acompaña al hombre desde su misma existencia, y que en el más remoto pasado fue atacado de forma lenta, hasta desplazarlo en una homófoba persecución que esperemos alguna vez termine por el bien del futuro de nuestros hijos.

Esta obra se podría tomarlo desde muchos puntos de vistas, podría ser ofensivo para algún sector homófobo, sobre todo para aquellos que llevan una vida oculta detrás de la heterosexualidad.

Después de escuchar estas palabras, el sentándose al borde del sofá y poniéndose muy nervioso, al no omitir opinión sin detenerme yo proseguía

—Pues usted se dará cuenta que al leer la obra, el título despierta cierta curiosidad, pues en el mismo nombre está mi intención.

Estos escritos llevan una verdad oculta, que se encuentra dormida en la sociedad, claro sin querer ni intentar desplazar ningún otro sentimiento, poniendo en claro que la libertad de sentir está en cada uno y nadie puede evitar este sentimiento en el hombre.

Alguna vez me he quedado en el trascurso de mi vida observando las dos partes, la heterosexualidad y la homosexualidad y cada vez es más firme el concepto que llevo como telón de fondo, el cuál pertenece y nace de un estudioso de la conducta sentimental del ser humano que dice "Alguna vez podrías llegar a dejar de ser heterosexual, sin embargo al conocer el sentimiento homosexual jamás podrías dejarlo". Jamás en la vida usted escuchara que algún ser humano haya dejado de ser homosexual.

El hombre preguntaba interrumpiendo

—¿Por que no se podría dejar de ser homosexual?

Ante tal pregunta mi respuesta fue

—Entre miles de personas que han experimentado y lo han explicado por haberlo vívido, sería por la pasión y la fuerza en la entrega sentimental, según estos miles de protagonistas que vivieron ambas experiencias, cientos de los entrevistados hablan de la pasión hasta a veces extrema y también por todo lo visto, agregando a esto una de las respuestas que llamo poderosamente mi atención fue de un famoso que decía; aquel que alguna vez en la tierra dejó un mensaje de amor y paz estuvo impregnado de amor infinito y nunca se supo de que en su existencia haya mencionado al sentimiento homosexual simplemente en su filosofía de vida predicó el amor entre los seres vivos.

Cogiendo su pequeño grabador lanzo su nuevo y pesado comentario

—Óigame señor estas palabras jamás la sociedad lo aceptará, sí usted piensa que su pequeña obra ayudará al entendimiento de la sociedad en los derechos que usted menciona, sería cosa suya, espero no haga de errante con sus pretensiones.

Respondiendole

—Soy consciente del sistema que se encuentra frente a mi, sé de su hipocresía y falsedades, no me interesan las mentalidades rastreras, mi intención con este trabajo es de llagar a todos los puntos necesarios para dar conocimiento del sentimiento homosexual, desde luego ayudará a muchos mal informados y sobre todo mostrar que el sistema homofóbico tendrá que desaparecer, este sistema antiguo, arcaico que vienen arrastrados de hace cientos de años ante la evolución del hombre, en esta evolución la sociedad liberal no ha aceptado ningún tipo de sistema que le prive de vivir lo que sienten, por esta razón la homosexualidad ha llegado calar un buen porcentaje a nivel mundial, en un lugar donde pueda seguir demostrando su verdad y si no es aceptado estos escritos, entonces esas personas tendrán la decisión de aceptar el sentimiento que los identifique, aparte de esto jamás detendrán el sentimiento de los seres humanos mucho menos la de los homosexuales.

Usted no me respondió a mi única pregunta y eso deja en mí cierta duda con respecto a sus ideas. Su hipocresía y agresividad no llegan a mí, o será que usted lleva oculta su verdad y con lo que ha leído siente que esta obra podría dejarlo al descubierto y realmente lo que siente es temor hacia estos escritos.

Es simple, no deje que caigan en manos de su doncella esta pequeña obra como usted lo llama, por que su verdad puede quedar al descubierto y esto signifiquen el final del teatro de su actual vida, le digo por la alianza que lleva en su dedo.

Por que el contenido del libro despertará la atención de muchos seres que se encuentran ajenos a muchas verdades de la actual vida de muchos farsantes, todos estos escritos van dirigidos especialmente a la parte femenina, estas lineas van dedicadas a ellas por sus dudas, por que se encuentran bajo un sin vivir con desconfianza hacia sus parejas, soy consciente de que muchas madres o mujeres viven bajo las dudas del sentimiento real de su parejas.

Este hombre impresionado por mis palabras sintiéndose muy insultado proseguía

—Perdone señor pero doy por terminado el reportaje, mi verdad y lo que concierna a mi vida va ajeno a este momento, gracias por su atención y respuestas y le deseo mucha suerte, aunque de mi parte la vea muy poca aceptable hasta podría decirlo morbosa y muy ficticia en sus argumentos.

Mi respuesta fue rápida.

—No soy yo el que se ha presentado con malas intenciones, y no tengo fobia hacia ningún sector, usted ni nadie detendrá esta verdad, aunque a usted le parezca ficticia este trabajo no ha sido superficial, llevó tiempo dedicación y sobre todo un seguimiento a los mismos protagonistas y no es nada señor Armando he comenzado este trabajo hace años pero sin menospreciar ningún sector, esta es la verdad y no hay otra, que solo esta, es más será para millones de seres y usted mire observe en una década más que sitio ocupará la homosexualidad y espero sepa llegar a mí y decirme que no estuve equivocado con esta obra, poniéndome de pie abría la puerta y sin lidiar palabra me despedía. A Díos.

Así termino aquel cortó y fuerte reportaje que no ha llegado a ningún puerto para este mal intencionado personaje, aquella persona que buscaba de alguna manera intentar opacar por formar parte de las mentalidades homofóbicas no tubo ningún concepto certero nada tangible que pueda editarlo para su mala intención.

La verdad de millones de seres humanos jamás será callada.

Después de ver la reacción que tomaban las personas que leían la introducción del libro, decidí continuar con la obra impregnando muchas verdades hasta su culminación, pero creo que una vez más el tiempo dará la razón a quienes los tengan.

Este reportaje sirvió a mí y mis colaboradores de ayuda para afirmar una vez más nuestra posición respecto al punto de vista hacia la homosexualidad en la sociedad, es irremediable su lugar como sentimiento y queda solamente el respeto para los que decidan vivirlo y así también para los padres y madres desearles que tengan cuidado por todo lo visto y escuchado en muchas situaciones homofóbicas poco deseadas.

De vuelta repitiendo respetad el sentimiento de vuestros hijos, por los mismos hechos en las generaciones pasadas y actuales con sus terribles comentarios despectivos hirientes hacia la homosexualidad que lo único que siguen ocasionando son daños irremediables y espantosos como "actos de suicidio".

REALIDADES Y VERDADES INNEGABLES

Unas de las pruebas innegables, impresionantes en esta aventura, fue descubrir que hasta hoy día ciertas costumbres homosexuales prehistóricas sigan vigentes, en sus sentimientos y costumbres ancestrales, viviendo su homosexualidad abiertamente, estos hallazgos lo hemos descubierto en alguna tribu de África, su hallazgo fue gracias a un seguidor de programas de realitis, donde unos concursantes tenían que convivir con una tribu y los cuáles vivían en chozas separadas tanto mujer como hombres descubriendo así las extrañas relaciones homosexuales que vivían, ante tal comentario fuimos más lejos y aclaramos con un equipo de estudiosos las conductas primitivas de aquella tribu y los resultados fueron similares a los ya encontrados aunque no se acentúe las prácticas sexuales hoy en día en esa misma tribu, pero existen afirmaciones que comprueban y disipan ciertas dudas en dónde los hombres preferentemente llevan una vida sentimental homosexual y que su sexualidad heterosexual lo practican meramente para procrear y que la promiscuidad desmedida es irracional.

No solamente en esta tribu existen datos confirmados que en otras sociedades primitivas existían sentimientos homosexuales, especialmente en sus reyes o dirigentes considerados dioses, lo mismo en su población poniendo en evidencia el curioso compañerismo qué procesan entre hombres, lo mismo las mujeres estos hallazgos de costumbres homosexuales se remontan desde mucho tiempo atrás antes de existir ninguna conducta social ni religiosa.

Con estas investigaciones algunas de mis dudas de seguir con esta obra fueron disipándose al ver que había un antecedente homosexual en los primeros sentimientos humanos, poniendo énfasis al objetivo de entender y saber de dónde nace la homosexualidad, afirmando que ya existía como sentimiento real, no como libertinaje como muestran muchas partes del sistema social, afirmando de esta manera que el sentimiento homosexual acompaña al hombre desde su misma existencia y la fuerza que predominaba en la existencia humana fue y es afirmado para mí y mis colaboradores que con estas investigaciones y más por que sus mismos reyes eran los que llevaban sentimiento homosexual.

Más importante prueba que es innegable la homosexualidad en la cultura griega por el vigor y la pasión que vivían los grandes personajes de su historia en el pasado, esto sería otra prueba contundente de la relación entre seres del mismo sexo que hoy realmente estaríamos errantes en los conceptos impuestos por individuos influyentes del sistema social y que la verdad podría ser que este en el mismo sentimiento homosexual.

Pensando en todas las contradicciones de muchas personas en sus pocos conocimientos y poco valor asía la homosexualidad y viendo a una parte de la sociedad homófoba oculta arruinando vidas y sentimientos humanos, ante una impotencia descomunal de los que somos defensores de este bello sentimiento, buscando y estudiando en diferentes épocas, en muchos puntos de la existencia humana, viendo en muchas religiones sus teorías y conceptos de rechazo hacia la homosexualidad que por mi y muchos millones no son ni serán aceptadas, por estos rechazos homófobos me he dedicado en parte a crear esta parte de mis escritos que mostrará la falta de convicción de la vida sexual de millones de seres humanos y acentuar que la homosexualidad al igual que la heterosexualidad lleva como principio el sentimiento y no existe una doctrina o testamento real del pasado que denigre la homosexualidad simplemente algunas de ellas hablan de las prácticas lascivas de la heterosexualidad la cuál se encuentra ajena a la homosexualidad.

Un hijo sano de mentalidad abierta con principios de respeto por la vida solo se logra obrando con la verdad en la conducta de vida y sentimiento de los padres, alguna vez algún dirigente religioso ante miles de fieles se ha pronunciado a favor del sentimiento entre dos seres del mismo sexo, este ser afirmaba que no existe ningún Díos que este en contra de un sentimiento sincero entre dos seres y que nadie puede prohibir al ser humano ser libre en sus elecciones, mientras esto no signifiquen algún daño a terceros, uno de los puntos claves es no dejar la homosexualidad excluida en la educación escolar, inculcar el respeto asía el sentimiento de cada ser sería la mayor herencia para nuestros hijos.

He sido testigo en innumerables ocasiones que personas con poco conocimiento en educación y principios que en sus conceptos, estos seres denigraban a la homosexualidad y en sus argumentos y opiniones siguen sosteniendo, que no se podría ni siquiera mencionar en un sistema educativo, mucho menos escolar, que estas enseñanzas podrían crear confusiones en las mentes de los niños.

Muchos de los hijos de mi entorno social, al hacerles algunas preguntas con permiso de sus padres estando los mismos presentes, al hacerles se reían con ironía y mostrándome sus teléfonos, yo veía que estaba colapsado de vídeos porno gay y novelas muy poco recomendables, les preguntaba acerca de mis conceptos particulares, algunos opinaban que sería lo mejor, otros opinaban que gracias al sistema informático conocían la homosexualidad desde un punto de vista. La respuesta que dieron fueron que no había una explicación original en nada de lo que transmitían por estos medios. Les parecía modismo, muy híbridos o androgenos en las imágenes que mostraban y que carecían de importancia.

Al terminar los mini reportajes, uno de los padres me afirmó que sería lo mejor para los niños que están por entrar en la etapa de la pubertad, no solamente inculcarle el respeto hacia la homosexualidad, también enseñarles el sentido de la vida heterosexual.

Mi opinión sería que esa educación ya lo tendrían que llevar desde la familia, en eso estaría la base del problema, una familia reacciona cuando uno de sus integrantes es homosexual, sobre todo cuando estos sufren acosos homofóbicos de la sociedad, pudiéndose evitar desde el mismo seno familiar con educación estos comportamientos antisociales.

Volviendo al tema del sistema social, dirigiéndome a esas muchas personas que pretenden dejar de dar importancia a la homosexualidad por temor a quedarse desplazadas, especialmente para ellas si tienen algún problema con la homosexualidad y si son madres mis respetos; Decirles cuidad a vuestros hijos, ellos serán dueños de sus vidas, también decirles por todo lo visto y escuchado en generaciones pasadas, por las muchas damas con sus criticas demorales asía la homosexualidad, que pensaban o creían llevar un Alejandro machote como pareja, terminaron calladitas al descubrir que sus parejas suspiraban y se desvelaban por un amante varonil.

DICTADURA DEL SISTEMA SOCIAL DE ALGUNOS PAÍSES HOMOFÓBICOS

En muchos países del mundo vivir la homosexualidad sigue siendo un infierno, un sentimiento totalmente prohibido, en algunos vivirlos están sentenciados con penas carcelaria, en otros con una terrible y espantosa condena perpetúa hasta inclusive con la pena de muerte.

Para todos los afectados que sienten este rechazo si se encuentran en estos países con regímenes homófobos mi recomendación personal sería abandonar estos suelos infectados por la mentalidad homofóbicas falsa y buscar un nuevo futuro donde vivir su libertad, por que los jóvenes serán los dueños de este mundo injusto por la mano del hombre, quiénes atormentados hundidos en un sistema acorazado bajo la ignorancia maligna que no respeta el sentimiento de todo ser vivo, va mostrando su espantosa y denigrante cara.

Me gustaría puntualizar qué de increíble manera siguen existiendo dirigentes gubernamentales con pensamientos homofóbicos con respecto al deporte, no buscan solución al problema de transgénero, lo mismo con el deporte general no existe una integración convincente, de mi parte y de mis colaboradores tenemos una visión para dar solución a esta problemática.

Pensando en la mala situación que enfrenta la homosexualidad con respecto al deporte, mis colaboradores y yo pensamos y debatimos del por que no se ha creado otra sociedad deportiva, donde la homosexualidad lleve la dirección y el manejo del deporte, no entendemos por que no se ha hecho mucho tiempo atrás, ya que siempre es diferenciada por el sistema social. Ante tal dilema decidí hacer barios reportajes de los cuáles antes la pregunta ya citada, decidimos plasmar la respuesta de un atleta de élite que nos pareció contundente por su visión que fue clara

—Señor le agradezco me de esta oportunidad para dar mi opinión con respecto a la homosexualidad en el deporte en la sociedad.

Mi perspectiva es común por que existen muchas estrellas tanto del deporte como de la música el cine y muchos sectores que apoyarían la organización homosexual en el deporte, aunque las posibilidades serían mínima, más por la atención que crea la homosexualidad en la sociedad, esto quitaría protagonismo al deporte actual.

Afirmo categóricamente no tardaría una década para que el deporte homosexual sea la maravilla atractiva del planeta, esto lo afirmo por todo lo visto hasta el día de hoy en el mundo. Sin desmerecer ningún sector solo nombrando a la homosexualidad.

Después de leer estos escritos me sentí profundamente privilegiada, por que siempre me gusto la lectura, pero me gustaría felicitarle por la forma y las verdades que usted pronuncian en su trabajo.

Mire ¡Por que no decirlo! Estamos ubicados siempre entre los número uno en las disciplinas deportivas y en todo lo concerniente a distracción social.

Usted mismo mire ya que está en el estudio y comportamiento social, le pondría algunos ejemplos, la televisión, influencers, presentadores, cantantes, deportes usted me dará la razón una vez que lo observe, es simple en las redes sociales verá de lo que le estoy afirmando, y eso que hay cientos de estrellas del deporte que llevan oculta sus preferencias por temor al sistema social. Si llegase hacerse realidad este sueño, terminaría toda indiferencia social para la homosexualidad, también significaría un nuevo posicionamiento para el sentimiento homosexual.

De esta manera terminaba un leve reportaje a esta persona que nos dejó un mensaje muy importante en su entrevista.

ANÁLISIS

Muy decepcionado por cierto sector de la sociedad y como telón de fondo una noche tormentosa con una lluvia desbordada y pensando en aquel terrible suicidio cometido por un adolescente cuya causa fue la persecución homofóbica de su entorno educativo y la ausencia de conocimiento del tema homosexual de la parte familiar, siendo estos episodios repetitivos en muchas partes del mundo, las imágenes en mi mente se repetían una y otra vez lo cuál hacían que este proyecto siga sin aceptar ningún obstáculo y seguir sin tapujos ni tabúes para su culminación.

No aceptando el sistema acorazado del tiempo en el que me encontraba, mí existencia y mí mente reclamaban ante la impotencia de no ver una lucha constante de la homosexualidad contra el sistema. Tenía que dar mí aporte marcar mi presente aunque era consciente que sería difícil solucionar el problema de la homofobia, un problema que viene arrastrado según la historia desde el pasado y que llevaría mucho tiempo eliminarlo.

Lo teníamos claro, que las mentalidades homofóbicas se encuentran bajo un disfraz muy bien diseñado en la sociedad donde obran con hipocresía y mucho cinismo frente a la homosexualidad, a pesar de todo lo único que me quedaba es seguir con más intensidad sumergíendome en el laberinto de muchas investigaciones para lograr llegar a un objetivo con esta obra.

En principio parecía difícil comenzarlo, pero al ver todas las investigaciones y los reportajes acumulados hechos con mucha intensidad, fueron dictando muchas verdades entre los cuáles fui escogiendo las más apropiadas. La sorpresa que nos llevamos fue increíble al encontrar pruebas en muchas investigaciones que indudablemente la homosexualidad en el pasado había sido desplazada del sistema social como sentimiento y derecho y lo más fuerte fue descubrir quiénes fueron los responsables de semejante maquiavélica y espantosa acción. La prueba más fuerte y sorprendente como papel protagónico en la existencia humana fue la persecución homófoba que nacían en algunos seres de aquellos tiempos ya sea de algunas damas o algún personaje con algún rango social elevado, los cuáles eran los protagonistas de difamar y dejar en una excesiva persecución bajo muchos conceptos desviados y rastreros hacia las personas que preferían vivir su homosexualidad, estos conceptos dejaban a la homosexualidad como acto pernicioso, la causa de este desplazamiento y persecución homófoba fue en las formas que se presentaban estos sentimientos homosexuales, por la fuerza, pasión y alcance que sentían sus reyes por sus relaciones amorosas, lo mismo sucedían en la mismas sociedades porque en aquellos tiempos no existía sistema social, los sentimientos eran libres, según indican estos estudios la consecuencia más fuerte para crear un sistema homófobo fueron las amantes que ocupaban un sitio aparente en la sociedad por ser las futuras procreadoras de los herederos al trono, estas que inducían a los personajes de alto rango a convencer a sus reyes a ocultar sus sentimientos homosexuales, hacerlos ver como actos perniciosos, a causa de estos la homosexualidad nunca lo pudieron llevar a primer plano.

En muchas culturas antiguas existían el sentimiento homosexual, entre ellas la egipcias, donde la apariencia de sus reyes eran híbridas, sus compañeros o servidores eran sacrificados con la muerte de sus reyes.

La cultura persa respetaba la homosexualidad, los grandes palacios y sirvientes en su mayoría eran homosexuales, sus reyes príncipes y generales en su mayoría eran homosexuales. Lo mismo en la India, los eunucos, son respetados y cuidados por la sociedad.

Otra prueba innegable, la más importante de todas fue la cultura Griega, como ejemplo, Alejandro Magno y muchos personajes que hacían de reyes en aquellos tiempos.

Estos ataques homófobos en aquellos tiempos fueron la más cruel y nefasta maldad hacia la homosexualidad todo por una sociedad dictada y obligada desde el entorno de los grandes personajes de la historia, lo impuesto por los seres de alto rango que eran amantes de las damas que se ocupaban de mantener las apariencias de sus señores procreadores de príncipes que eran futuros herederos de sus interminables riquezas, estos reyes eran manipulados y obligados a vivir ante una cortina creada por su entorno y circulo social, que fueron los protagonistas de dictar las cizañas, para que los sentimientos de sus reyes sean visto como libertinaje y seducción desviadas, de esa manera con el transcurrir del tiempo y al no imponer y defender estos reyes lo que sus sentimientos dictaban, considerados dioses humanos formaban sus propios infiernos y terminaban como casi todos los homosexuales de aquellos tiempos, muertos de tristezas, envenenados, hundidos en la apariencia y devaluados por su homosexualidad extrema supuestamente oculta.

REFLEXIONES

Los homosexuales de éste tiempo tienen como aliadas a la parte femenina, el porqué de esta alianza sería porque los homosexuales a ellas las visten las maquillan, ellas son los motivos que les inspiran a crear y poner en alto qué el sentimiento no tiene sexo, es etéreo agregando a ésto que parte de mí inspiración fueron despertados por todos los grandes diseñadores como Versace, Ipsa Logan, Chistian Dior, Giorgio Armani, Oscar de la Renta y otros que muestran sus talentos al mundo inspirados por la parte femenina de sus entornos.

Lo mismo para los homosexuales lo mas importante en la vida es la familia correspondida, la que muestran respeto cariño y respaldo por lo que sienten.

Para todos los padres que buscan un refugió o algún rincón dónde gritar su verdad amargando su existencia en el intento, sin encontrar un respaldo emocional y hasta aveces sin derechos sociales, esperando les sirva este pequeño aporte de ánimo y fuerza, que sientan lo importante y necesaria que su libertad significa, también será un aporte para su mundo y que de hoy en más se liberen para ver como cambian sus vidas, que en éstos escritos encuentren un apoyo para así tener mucho más valor para afrontar sus verdades.

Muchos niegan que hasta hoy día sigue la homofobia mostrando su verdadera cara con todos estos terribles sucesos de agresiones y violencia que sufren los homosexuales. Afirmando que la realidad y la desigualdad que llevan la homosexualidad de este tiempo ante un sistema que de forma lenta muestra el miedo de dar el lugar que se merece a este sentimiento, este sistema se encuentra acorazado sin reconocer todos los derechos igualitarios del ser humano.

Esperemos esta obra llegue a todos los dirigentes y presidentes de asociaciones de LGTBI FOBIA o entidades que defienden los derechos homosexuales para ellos mis respetos y parte de esta obra.

El significado de LGTBI

Lesbianas —Gays —Transexuales —Bisexuales —Intersexuales

Para cada sector que toqué muy importante mencionar que este trabajo en parte va dedicada a los hijos de esos valientes padres, par estos hijos que supieron entender el sentimiento de sus padres que tomaron la decisión de vivir su vida homosexual, tomando así el timón de sus vidas para poder transmitirles de esa manera a sus hijos la libertad de sentir y decirles a las futuras generaciones que el sentimiento no tiene solo una cara.

Esperando encuentren su camino como Antoni uno de los protagonista de esta obra quién será el claro ejemplo de libertad para todo ser humano.

Las teorías de la existencia humana sumada al interés de los individuos componentes de cada sistema en cada época, que mantenían el poder gracias a los cargos que sostenían con manipulaciones, hoy llenan mis dudas sumado al impresionante concepto escrito en parábolas en algunas sagradas escrituras que indican que el sentimiento humano tiene un significado global, afirmando en las mismas un camino libre de elegir y donde vivir su verdadero sentimiento.

Sólo resta observar la evolución del ser humano, su instinto de poder su ambición desmedida, sumado a ésto la auto destrucción de su habitad el daño que acarrean día a día, con sus guerras, como pelean por un poder material con un sistema opresivo donde quedan como víctimas los habitantes del planeta.

Alguna vez me detuve a leer algunos escritos religiosos, en dónde hablan de un mundo fascinante en dónde los habitantes eran lo primero, lo primordial era su bien estar, el paisaje y los animales eran de cuento como un sueño inalcanzable para el ser humano, en el no existía maldad, el hombre, los animales y toda vida eran respetadas pero todo quedaba como ficción en la actualidad, la realidad el día de hoy es otra, basta ver las noticias, las cazas indiscriminada de algunas especies de animales al borde de su extinción, el desalojo de unos trabajadores del campo a punta de metralletas y palos, también la muerte de un homosexual a golpes en plena calle, esta era la verdad y la realidad del sistema "nada es por humanidad todo tiene una causa, nada es por compasión o por derecho de vivir dignamente todo es por un poder económico.

La otra verdad son las creencias religiosas, la variedad de religiones irrumpiendo en la vida de los habitantes de cada región, respetando a cada cuál con lo que le convengan sólo quedan observarlos, mirar cada sagradas escrituras cada una de ellas interpretarlas y saber que solo existe un solo Díos con diferentes nombres, lo peor es ver la divisiones que producen entre el ser humano, lo mismo que algunas costumbres religiosas extremistas en donde cada una de ellas van oprimiendo privando de sus derechos dictando una forma de sentir y vivir que carecen de libertad humana.

Amad los uno a lo otros sin hacer daño al prójimo Díos os dará felicidad y abundancia.

INSPIRACIONES

Este trabajo está inspirado en ti, esperando que descubras que el sentimiento no tiene límites y que la verdad está en cada individuo.

Sabiendo hasta qué punto pueda coincidir con tú vida, estos resúmenes impregnados en tinta, fueron hechas esperando sea un tesoro para ti y por su contenido me gustaría tomar compromiso de seguir buscando y dándole rienda suelta a todo lo injusto vivido por la homosexualidad ante la sociedad homofóbica mostrando su terrorífica cara oculta bajo un disfraz hasta abecés político.

Antes de emprender esta aventura y correr con el riesgo de ser víctima de las mentalidades rastreras y sin pretender perjudicar ni menospreciar a ninguna corriente sexual, me he asegurado de que todo el contenido de estos escritos lleve una sola verdad aclarando que para este proyecto he tenido que dejar aparcado muchos tabúes y muchas indiferencias de mi entorno social y a la vez he abandonado parte de mi vida sistemática para poder sumergirme en el entendimiento de la vida homosexual, lo cuál ha hecho que mí perspectiva tenga otro panorama y comprenda que la vida sentimental no tiene sólo una cara.

Mi búsqueda ante las preguntas dudosas acerca de las variadas teorías del concepto de la homosexualidad tubo un lento proceso de análisis y comprensión, fui buscando y explorando en las mismas respuestas sin ver en ellas una verdad para la homosexualidad, simplemente los datos llevan contenidos homófobos que apartan a la homosexualidad como sentimiento y dejan a la homosexualidad como perversión, antinatural, fantasioso que ocasionan una desigualdad social significativa, con estos análisis he llegado a la conclusión, que la verdad seguirá su lucha, como este trabajo que será para muchos de un impresionante valor.

La verdad jamás se podrá detener, está claro que el viejo sistema impuesto en la sociedad no ha podido con la evolución del sentimiento homosexual, aunque vaya lenta su progreso social esperando alguna vez llegue a un punto de igualdad en toda mentalidad social.

Las palabras principales de esta obra son muy importantes por ello irán encontrando repetidas veces. Homófoba, homosexualidad, homofobia, homofóbico.

La parte ficticia basada en hechos reales de la obra lo dedico a todos los valientes seres que en millones de los casos dejaron su vida heterosexual fingida y se encuentran viviendo sus verdaderos sentimientos.

Cómo punto importante cabe resaltar la importancia de la homosexualidad en nuestros tiempos, a qué, nuestros hijos están expuestos, estas nuevas generaciones que viven sus vidas frustrándola por enfrentar a ésta destructiva y mal parásita mentalidad homófoba.

Agregando a esto esperando llegue estos escritos a esos equívocos creadores y divulgadores de los conceptos mezquinos y rastreros para tapar sus propias verdades, estos mismos ocultando sus verdades detrás de una vida fingida, que curen sus mentes y vivan sus vidas homosexuales si les apetece ya sea en su silencio o públicamente, que la vida es tan corta y es lo más bello que Díos ha dado al hombre. Es sabido que una persona homofóbica es un heterosexual que lleva sentimiento homosexual y que viven reprimidos por el sistema social, estos seres son un peligro para la homosexualidad.

Vivid vuestro sentimiento sin hacer daño a terceros.

RESUMEN

Utilizando como aliado especial al tiempo y la incondicional ayuda de mis colaboradores que fueron siguiendo y estudiando los acontecimientos de la vida homosexual, sumado a los conmovedores reportajes de todas las situaciones más duras homofobas vividas estudiando en cada rincón y sacando las dudas del por qué hay tanto temor a la homosexualidad departe del sistema, buscando impaciente en las mismas vivencias sentimentales y sexuales en la historia en muchas culturas del pasado. También la misma historia humana, desde los escritos por muchos autores historiadores con sus largos y amplios estudios, nunca dieron un enfoque con la importancia real que le habría correspondido al tema homosexual, todo este seguimiento lo hemos llevado sin darle mucha importancia a los acontecimientos y a las fechas exactas por las mismas dudas de sus propios autores o descubridores, poniendo un especial esmero desde el punto donde la homosexualidad habría perdido su valor existencial por la opresión homófoba de aquellos tiempos acrecentados por un sector que no concebía su importancia por significar que la existencia de la misma les dejaría desplazadas en un tercer plano.

CONDUCTAS OBLIGADAS A CAUSA DE UNA SOCIEDAD HOMÓFOBA

Me gustaría describir ciertos tipos de conductas que algunos seres humanos llevan en sus vidas diarias, aclarando que los mismos se encuentran obligados a vivirlas por las mentalidades homófobas impuesta en su entorno familiar o social para ellos son estas líneas, espero se sientan identificados dejen de ser víctimas de sus temores impuestos a sí mismos, siendo por este comportamiento incorrecto los propios culpable del sufrimiento que llevan.

Soy consciente que enfrentar la verdad es de valientes y aceptar la homosexualidad como preferencia de vida en esta sociedad homófoba significa coraje, para ser más relevante en este tema, sería peor si no lo afrontasen, ponerle cara para no ser víctimas de las mentes rastreras que los rodean, no permitan ninguna opresión y defiendan sus posturas y sus sentimientos, no necesariamente para demostrar nada a nadie sino más bien para sí mismos.

En algunos reportajes que fui acumulando y que me llamaron poderosamente la atención en algunas vivencias de los claros prototipos de personas que llevan doble vida por la opresión de la mentalidades de sus entornos sociales y sus vidas se encuentran en una total oscuridad en muchos de los casos, estas conductas los expondré con estos reportajes como ejemplos:

Aníbal, un joven muy varonil lleno de vitalidad por donde lo mires de treinta y dos años, este casi tímido lo podría decir va de copas con los amigos, mira a las féminas imitando a sus amigos muy hombretones sonrientes cargados de frescura, todo por aparentar quedar bien uno ante otro, aunque la verdad de la vida de Aníbal lo oculte, él se moriría por uno de sus amigos de siempre con quién al terminar la noche como si sus vidas fuesen a acabar, terminarían juntos a la madrugada entregados en una pasión desmedida sin control, hasta llegar al llanto, desesperados y tristes por lo que sienten en sus silencio, siendo consciente que al terminar su momento tendrán que volver a sus vidas fingidas, aunque tristemente aquella situación real que los hacen felices lo tendrán que dejar ocultos, para volver a cruel y nefasta vida ficticia, creado por ellos mismos por aparentar ante la sociedad lo que no sienten.

Llegan desganados a su hogar donde encuentra a una víctima de su mentira, su mujer y a sus hijos. Él va al trabajo y sus días son muy flojos casi tristes, en su teléfono móvil no para de recibir mensajes siempre los lee a escondidas, él lleva un hermético secreto y sus ojos brillan al leer cada uno de ellos, abecés en su triste semana su día cambia al oír sonar el llamado de algún mensaje, su rostro sonríe y busca un pequeño sitio para no delatarse ante nadie, él se siente refugiado y encuentra su verdad en aquel pequeño aparato y sus momentos se llenan de brillo, en algunos de sus días abecés coge su teléfono móvil, lee los mensajes, él sabe que en la otra parte del teléfono, el que escribe es su amigo su gran amor secreto, un ser prohibido para su existencia, el siempre en cada día recibe un mensaje de cariño, al leerlo abandona sus ocupaciones, él se encuentra ajeno a su realidad impuesta a sí mismo, a su error que se convierte en su yugo, el sigue observando el pequeño aparato, el mensaje anuncia un encuentro, sonríe al ver que su amante varonil le pide aquel encuentro, él se muerde los labios. Termina de leer su mensaje y al mirar su entorno se siente desesperado impotente, piensa en una salida y recurre a la mentira que sería el guardián de su frustración.

El pide sonrojado, con miedo permiso al jefe inventando cualquier excusa y va al encuentro de su verdad. Llega al sitio, se miran desde lejos, sus miradas se encuentran, estalla en ellos la fuerte pasión oculta, con miedo a que los vean uno de ellos coge la mano del otro fuertemente y se resisten al abrazo deseado, mirándose con lágrimas en los ojos se dirigen al coche, no dejan de reír llorosos como dolidos impotentes, ellos no lo soportan, el encuentro prohibido sería donde toque la oportunidad, lo hacen en cualquier sitio oculto donde quepa lo prohibido, tal vez en algún acampado, dentro del coche, la casa prestada de su hermano menor, alguna construcción abandonada, algún lugar donde explotar aquella gran verdad o donde llorar aquella doble vida y decir lo que sienten, "te quiero y me muero por estar a tu lado, pero como un maldito sueño, al terminar todo aquel momento sus mentiras deben de continuar y vuelta a la casa de mal humor y con el recuerdo de aquel último beso y aquella sonrisa, les esperan unos niños inocentes gritando papá, papá, una mujer descuidada con un aire de inseguridad pensando que tiene otra y que la está engañando.

Y así pasan los días los años y el otro amante lleno de ganas por vivir su gran amor, desgastado por la espera y las promesas siente lástima por las víctimas de aquella situación y se refugia en el consuelo de alguien que le ofrece mucho más que su amado, él encuentra algo mejor y abandona aquella frustrada y terrible relación y la vida de uno de nuestros protagonistas va a pique con un nuevo desamor.

ÉL otro que lleva doble vida, busca consuelo en algún que otro amorío o por alguna taberna maltrecha, deambula por las noches llegando en blanco a casa de sus hijos y su mujer, el tiempo pasa y la mujer sospechando su verdad lo trata con cierto desprecio homófobo, abecés hablando por teléfono menciona a algún personajillo de forma despectiva maldiciendo

_" Ese es más nena que la mujer que tiene " ja ja ja "Mariquita del infierno".

El viendo la homofobia de su mujer no se atreve a dar el paso, sigue su error y su mentira, su víctima se convierte en verdugo, y las infidelidades y el mal vivir hacen de sus vidas sus propios infiernos.

Después de estas frases impregnadas no sé cómo una cruel verdad para muchos seres, me gustaría preguntarte ¿Y tú que dices, si tú mujer que lees estos escritos? Espero no estés en ningún papel homófobo, mira que te vendría muy mal tener un supuesto marido machote a tu lado y que esté usándote de pantalla y su verdad lo tenga con un bello hombre, supuesto amigote de futbol y pesca por quien suspira día y noche, mientras tu disimulas la verdad usando como escudo a unos niños.

A ellas y por ellas que son madres sobre todas las cosas, si coincidieran sus realidades con esta obra, pues no permitan que nada les convierta en víctima y un sano consejo dejadlos ir, marchar, que podría ser que uno de esos inocentes lleve la misma vida que su padre, pero estando tú ya preparada podrías ayudarlos a que no lleven una miserable vida, oculta detrás de una pantalla obligada a causa de lo impuesta por la sociedad en la que vives, de la cuál serías tú también una víctima más y la que obliga a llevar su padre y que alguna vez lo tendrán que llevar tus propios hijos.

Otro reportaje impregnado y la cuál sería la más común es

Lorenzo: Este hombre siempre vital, inquieto por su situación personal busca refugiarse como confidente a uno de sus amigos conocidos, él piensa que este es el mejor entre todos sus amigos, se acerca a el pensando que es el más comprensible entre todos los que tiene, tarda meses en tomar la gran decisión de hablar con el de su tormento. Después de hacer deporte lo cita de forma tímida, él quiere comentar a su supuesto mejor amigo una verdad oculta, se comenta así mismo

—¡Quién mejor que él! Para hablarle de su hermético secreto.

Lorenzo acude en la cita sin saber cómo comenzar, abraza a su amigo y le pide que por favor se quede entre los dos lo que el va a contarle, para Lorenzo es difícil comenzar a contar su verdad, él amigo lo mira desconcertado sospechando algo raro al ver sus lágrimas brotar sin parar. Él amigo de Lorenzo se siente incómodo y a la vez muy curioso, dirigiéndose a él le pide que hable, que él estaba ahí esperando, preguntando

—¿En que podría ayudarte amigo?

Lorenzo con cierto temor comienza a contar lo callado por hace décadas mirando a su amigo y preguntándole de forma brusca sin tacto

—¿Qué me dirías si yo te dijese que soy bisexual? El amigo sorprendido con cierta timidez le contesta

—Nada, no lo sé, podría pensar que me estas bromeando.

Lorenzo al ver una respuesta fría proseguía.

No sé cómo decirte amigo pero así es soy bisexual, que me dices a esto espero no me rechaces, he pensado en ti, eres el más especial entre mis mejores amigos.

El amigo de Lorenzo mirándolo y tocándole su hombro le pedía

—Háblame dime lo que tienes para eso estoy aquí.

Amigo mío me encuentro en una situación desesperante ya no lo aguanto, mi vida se está convirtiendo en un infierno

¿Cómo podría hacer para decirle a mi mujer mi verdad? Es muy difícil hablar de mi homosexualidad, tú no te imaginas los días qué me costaron tomar la decisión de hablarte, pensando en lo delicado que es este tema y lo que me está pasando es muy duro para seguir aguantando.

Mi temor es la reacción de mi mujer y toda la repercusión familiar que podría ocasionar salir de este silencio, sobre todo habiendo dos niños de por medio y dos familias, la suya y la mía.

Él amigo de Lorenzo se quedaba con la boca abierta, se quedaba tieso sin parpadear mirándolo en principio como asustado incrédulo guardando silencio, hasta que

—Guau ¡Quien lo pensaría Lorenzo!

—¿Y por qué ahora lo quieres contar?

Lorenzo bajando la mirada suspiraba sin ánimo y contestaba

—Porque ya no lo puedo aguantar, hay días que tengo pena me he equivocado y no lo puedo remediar.

El amigo de Lorenzo curioso y con ganas de escucharlo, más por el interés de saber de qué iba todo el problema preguntaba

_¿Tienes a alguien como amante especial?

—De momento si

—¿Valdrá la pena ese romance que tienes?

Lorenzo al ver que su amigo no entendía exactamente lo que él quería comunicarle proseguía.

—Querido amigo no es este romance el que me hace sentir mal, es la vida heterosexual que llevo, es que te será difícil entender por qué te encuentras ajeno a esto y lo entiendo es normal que no lo comprendas porque no lo conoces, mi situación es insoportable no me hace feliz no me siento a gusto con mi heterosexualidad, mis hijos son los que más quiero en este mundo, pero me he equivocado y me he culpado durante todo este tiempo, porque he conocido la homosexualidad y mírame aquí me tienes en un sin vivir.

Fríamente sin saber tratarlo y con falta de tacto este amigo comentaba

—Bueno te felicito por hablarme de tu verdad, pero creo que no podría aconsejarte, solo opinaría que te decidas y le comentes a tu mujer, pero piensa en todo lo que perderías, tu casa, tu coche, la familia de tu mujer y todo lo que tendrás que enfrentar de la sociedad, podría ser fatal para ti, mira que hay muchos que no lo supieron superar y han terminado olvidados por el camino de sus vidas, tú tienes mi apoyo, lo mejor que se me ocurre ante esta situación como me encuentro ajeno a este tipo de problemas es que busques la ayuda de algún profesional psicólogo o no lo sé, desde ya te repito mi posición tienes la de perder.

Al ver la respuesta de su amigo que fue casi trágica y su movimiento que lo delataba como inquieto y muy nervioso, ante tal comportamiento Lorenzo de forma rápida se hecha atrás por temor a la actitud que tenía su amigo de comentar a otros su verdad, con mucho temor comentaba que lo pensaría para tomar la decisión, él veía que su amigo se encontraba tiritando de nervios y sonriente comentaba

—Lo pensaré amigo espero decidirme y lo siento si te he hecho pasar este mal momento.

Pasaron los meses y Lorenzo indeciso se enfrentaba a su mujer en una discusión por haber llegado muy tarde y lo que escuchaba de su boca eran palabras y frases homofobas.

—Espero que tus llegadas tardías se deban a una bella mujer, porque si es un hombre no sé qué aré, tal vez me quitaría la vida o peor me encerraría para que la gente nunca más vean mi rostro de vergüenza.

El callado serraba la puerta del dormitorio y se acostaba presionando sus ojos llorosos, ella lo seguía y lo echaba a gritos del cuarto, le pedía que duerma en el living, así pasaba la noche y llegaba la mañana, ella pedía hablar, él no tenía nada que decir, los datos ya fueron dados de boca en boca de su supuesto amigo hasta llegar a oídos de su mujer, uno de los niños había cambiado su actitud hacia su padre, la homofobia mostraba su cruel y horrorosa cara. Los maltratos seguían noche tras noche, hasta que un día menos pensado la mujer nerviosa ante el horario de llegada del padre de sus niños, echaba una mirada a la foto del día de su boda, él había dejado una nota pegada al marco de la foto donde decía

—Lo siento, no has permitido acercarme a ti para hablarlo, lo he intentado en muchas ocasiones no espero comprensión quiero dejarte claro que tú verdad es esta y tú prisión lo vivirás tú, soy humano tengo fallos y uno de mi peor fallo fue no haber enfrentado esta verdad que ya es mi presente, no seguiré dañando a nadie, de mi parte recibirás toda ayuda económica y para los niños por favor pido verles y a ti será mejor tenerme por un tiempo alejado y por favor no te olvides que forman parte de mi razón de existir. Estoy seguro que ellos después de grande lo entenderán, ya sabrán de mí en unos días cuándo por lo menos dejen de sangrar estas heridas que me produjeron las pesadas cadenas que yo había permitido me presionen en esta vida fingida produciéndome una terrible agonía sangrante y todo por causa de mi error, soy el único responsable de esta situación, te pido un tiempo para volver a verte, te ruego aceptes mi cruel error, de todas las formas te pido perdón. No me pidas más respuestas de la que tienes, en cuánto vuelva hablaremos de mi verdad y si no me perdonas te entendería, mi error no lo puedo remediar pero sería peor seguir con esta vida fingida, Adiós y cuida a los niños de mi parte que Emile seguro alguna vez me comprenderá, para mi niña todo mi amor y cariño y dile a Jon mi capitán pirata que volveré para jugar con él en Disney.

Y tú, te diré esto porque ya me estoy imaginando tus reproches, que no has sabido dar la cara sin discriminar, te has aferrado a ti pensando que yo lo aguantaría, presionándome indiscriminadamente, espero lo superes y acuérdate que soy padre de tus hijos, siempre los amaré y seguiré ayudándoles en todo lo que pueda, ya volveré para darle mi verdadera atención sin límites y si me guardas rencor pues ni tu ni nadie, podrá evitar que ellos estén a mi lado.

Este relato fue muy conmovedor, pido comprensión si alguien encuentre alguna coincidencia en sus vidas, fueron impregnados y leídas por su mismo protagonista.

Si en situaciones ataco de forma continúa las conductas homofobas impuestas por la sociedad sería por algunas pruebas del pasado que coinciden con los mismo comportamiento de la sociedad actual, también es importante mencionar que todo lo escrito en este libro o en esta "pequeña obra" como mencionaba Armando el reportero de malas intenciones, que estas lineas no son pensamientos personales, que los reportajes son investigaciones hechas en la realidad y de forma personal sin querer insultar y molestar a nadie.

SIGNIFICADO DE LA PALABRA HOMOSEXUALIDAD

Homosexual: se definen como la interacción o atracción sexual asía individuos del mismo sexo.

Terminología de la palabra homosexual

"Gay" —mariquita —En portugués bichona —lesbica —tortillera —bollera

Palabras comúnmente ofensivas: Culero, maricón, invertido, puto, sodomita, aunque éstos términos se usan de forma despectiva y generalmente se escuchan en las personas homofóbicas.

Estudios académicos de la homosexualidad

No se conocen las causas de la orientación sexual de una persona, algunas investigaciones apuntan pero sin exactitud, el papel que juega la herencia genética de cada ser presumiblemente sea una de las causas, aunque ningún estudio académico lleva consigo una verdadera razón de la existencia homosexual.

También es importante nombrar algún estado edipico pero este sentimiento no se podría tratarlo de forma general simplemente dejarlos como casos.

Toda investigación no podría ser exacta, no se podría determinar que la homosexualidad sea una herencia genética, o por algún tipo de carencia de cariño o conceptos no exactos, prueba de ello sería que existen homosexuales sin ningún antepasado homosexual.

Punto de vista neurobiológico asía la homosexualidad

Según los estudios neurobiológicos donde han encontrado cierta diferencia en el cerebro de un heterosexual y un homosexual, la cuál consiste que el tamaño y el volumen del tercer núcleo intersticial hipotálamo INAH3 es más grande en los heterosexuales que los homosexuales, pero a pesar de esto surge la contradicción porque según estos minuciosos estudios físicos homosexuales, no necesariamente significaría que esta diferencia sea la causa de la orientación sexual de un ser humano, a esto sumado los estudios físicos de los heterosexuales, que hablan de lo mismo, pero no justifican el concepto por igual un heterosexual tiene su núcleo intersticial ,pequeño y no deja de ser heterosexual por ello.

Punto de vista Psicológico

La psiquiatría incluyó inicialmente a la homosexualidad entre los trastornos que podían y debían ser tratados, fue considerado como una enfermedad degenerativa en tiempos pasados.

Tras la llegada de los estudios psicoanalíticos, empeoraron el punto de vista hacia la homosexualidad. Con el tiempo y los exhaustos estudios de muchos profesionales interesados en demostrar, que toda teoría impuesta acerca de la homosexualidad por cientos de estudiosos eran erróneos y lo más difícil tendrían que hacer un exhaustivo estudio y demostrar lo correcto para que esto sirva de prueba de dicha conducta humana.

Estos profesionales tenían que exponer sus nuevas teorías, demostrar el error impuesto en el pasado en aquellos tiempos por otros estudiosos, desde ese entonces los conceptos de la homosexualidad tomaron otro punto de vista, desde el cuál seguiría con la conclusión que la homosexualidad no era un desorden del comportamiento sexual humano, ni un signo de degenerativo a causa de motivos genéticos ni mucho menos no podría clasificarse como una enfermedad, sumado a esto las mentalidades homosexuales que iban tomando fuerzas, estos iban exigiendo una verdad en el mundo, que formen parte de la sociedad con los mismos derechos de la heterosexualidad en todos los puntos de la existencia.

Después de observar todos estos estudios y no encontrar negatividad en la genética humana, mi conclusión final y la única verdad es que, todos los seres humanos nacemos con ambas posibilidades y que en muchas sociedades el sistema social obliga a vivir lo impuesto por las costumbres del pasado.

Los roles tanto masculino como femenino tiene un propósito en la existencia humana que es la de preservar la especie, aunque esto no significaría que la homosexualidad no sea reconocida como sentimiento eterno.

LA HOMOSEXUALIDAD EN LA HISTORIA DEL MUNDO

Es muy importante de mi parte repetir en cada ocasión esta verdad, "La homosexualidad es sentimiento" no es confusión, no es degeneración, no es nada que lleve un signifcado homófobo.

Podría citar a algunos de los personajes de la historia que pertenecen a la cultura Griega esperando que la homosexualidad de los mismos no sean una ofensa para algún homofóbico Griego, también a los heterosexuales que se vean atrapados en algún comentario, porque sus grandes personajes o mitos vivían de forma extrema la homosexualidad, para ellos mi respeto y parte de estos escritos aclarando que estos personajes de la historia son símbolos de la homosexualidad de nuestro tiempo

Platón

Un filósofo anterior a Aristóteles influenciado por la pasión asía la homosexualidad, al igual que Alejandro Magno fue un seductor del sentimiento homosexual, y en su filosofía y vivir acentuaba y aseguraba que solo entre hombres podría haber sentimiento, sus ideas eran muy directas, pensaba que el amor podría ser infinito solamente entre hombres del mismo sexo.

Aristóteles

Cuando tenía diecisiete años fue enviado a estudiar a la escuela de platón, presumiblemente eran amantes unidos por un sentimiento eterno, aunque en su filosofía Aristóteles era muy crítico asía la platónica, existía el acuerdo que el amor entre hombres era sabio y duradero, el acentuaba que la mujer era la tierra y que su existencia era la de fecundar, Aristóteles fue en su filosofía muy machista, su ideología trataba que el hombre debía de amar solamente al hombre, al igual que platón toda su vida vivió rodeados de hermosos y bellos jóvenes quienes seguían su filosofía, fue acusado por la sociedad homófoba de aquellos tiempos de blasfemar la educación sexual de la sociedad y condenado a muerte.

Los episodios exactos de la vida de los filósofos no se pueden mencionar porque la precisión desde mi punto de vista no existe en la historia.

Alejandro Magno

El único hombre que conquisto el mundo, sus sentimientos fueron únicamente homosexuales, su gran amor asía su amigo Efestión fue la piedra de su final.

Efestión fue muerto envenenado y a causa de su muerte se presume como muchas cosas más que Alejandro Magno cayó en una especie de agonía depresiva de no querer seguir viviendo. Él mismo con la muerte de su amado dio fin a su vida.

Alejandro Magno lloro más de medio año y sus dudas acerca de la muerte de su amado ocasionó que muchos súbditos sean decapitados, porque en aquellos tiempos existía un veneno que los filósofos habían descubierto, una planta venenosa que llevaba el nombre de cicuta, su toxicidad era tanta que a hasta un caballo podía intoxicar y llevarlo a la muerte.

Aquiles

El bárbaro Aquiles el hombre considerado inmortal, De Aquiles jamás se supo que haya sido real en su historia, su existencia fue mucho antes de alejandro, solo existen pinturas rupestres en cuevas y algunas imágenes en pergaminos, su historia es muy parecida al de Alejandro Magno, la muerte de su gran compañero joven y gran amor Patroclio hizo que entrase en una especie de ira y locura.

Aquiles al enfrentarse y vencer en una sangrienta guerra a los troyanos fue herido de muerte quedándose la imborrable huella de la homosexualidad en la historia y la cultura Griega.

Todos los grandes filósofos del mundo practicaban la homosexualidad y a ellos sumados cientos de miles de famosas leyendas y mitos que vivían su homosexualidad oculta tanto por la represión religiosa así también como de la social de aquellos tiempos.

Significado de bisexualidad:

Es la atracción romántica o sexual hacia los dos géneros hombre y mujer, normalmente se define en la práctica sexual que podría ser continua o esporádica de ambos géneros. Tanto para la homosexualidad como la heterosexualidad son libertades sexuales consideradas como desorden sexual. Aclarando que la libertad de sentir es individual y pertenece a cada cuál.

Respetando cualquier pensamiento y concepto creo firmemente que el ser humano nace bisexual y decide llevar su vida de acuerdo donde se sienta mejor.

HOMOFOBIA SIGNIFICADO

Del griego antiguo pánico sinónimo de: Odio, prejuicio contra hombres o mujeres homosexuales.

Según los estudios del comportamiento humano, un homófobo es un homosexual reprimido, que puede en ciertos casos llegar a tener una conducta muy acentuada y peligrosa asía los homosexuales, existen infinidades de situaciones y conductas indeseadas de la homofobia, por esta razón la conducta homófoba forma parte de la homosexualidad como un defecto de la heterosexualidad.

Se manifestaría en aquellos heterosexuales con una homosexualidad no practicada, callada reprimida físicamente, estos seres se sienten reflejados en la vida homosexual de los que viven y sus cobardías no le permiten liberarse y vivir lo que sienten. Estos individuos se caracterizan por un comportamiento ofensivo, en una continua insistencia en comentarios rastreros y vulgares sobre todo molestos que los convierten en personas peligrosas para la sociedad homosexual.

En la actualidad existen cientos de miles de padres en esta situación, con problemas de homofobia, que recriminan la existencia de sus hijos por ser homosexuales, sin saber que los mismos llevan la homosexualidad callada de sus hijos.

Muy importante mencionar los muchos crímenes atroces protagonizados por seres homófobos hacia los homosexuales que hasta hoy siguen vigente, lo mismo que en los maltratos físicos

Análisis de investigación:

En alguno de los casos mis primeras intervenciones asía el tema no fueron muy certeros, por esta razón decidía seguir con las misma con mas intensidad y extensión, porque en las muchas preguntas que me planteaba no encontraba una total satisfacción en algunos puntos en las respuestas encontradas.

¿Cómo podría explicar el sentimiento que procesan dos seres del mismo sexo ante el sistema social acorazado?

Esta respuesta es de Constantino, sus comentarios hicieron que mi tinta plasme lo que he entendido en su mensaje.

Sus primeras frases fueron contundentes

—Esta es una sociedad con un sistema heterosexual mundial, en donde está dictado y acorazado está estructurado de forma inmune a ningún tipo de cambio en su estructura, la cuál se encuentra respaldada por diversas religiones practicadas en todo el planeta, donde en su entendimiento hacia el sentimiento homosexual sea inaceptable solo la heterosexualidad tiende a ser única aceptada por este sistema lo cuál imponen como educación para nuestros hijos, sin aceptar ningún sentimiento ni cultura homosexual, explicarlo estaría demás ya te habrás dado cuenta cuál es el lugar que ocupa después de estas muy importantes investigaciones que tú mismo has realizado.

No olvidemos que la palabra homosexual sigue siendo para millones de seres humanos una palabra con cierto significado homófobo, desviación o degeneración del ser, sigue siendo un tema tabú, aunque al leer mi respuesta tus amables lectores negaran esta verdad y dirán que posiblemente no lleve razón, pero en su interior lo sabrán, este es el sistema hipócrita , falso al que esta sometido la sociedad.

Constantino proseguia

—Tú lo sabrás y te responderás con sentimiento que llevo razón, agregando a esto que el gran movimiento homosexual de nuestro presente, ha logrado que la sociedad heterosexual actual de muchas partes del mundo den ciertos derechos a la sociedad homosexual, es claro muy desigualados pero aun así ante tal indiferencia la homosexualidad ha dado un paso muy grande aunque fuera lenta en el proceso al saltar a la palestra del debate, pero la lucha no ha terminado, en muchos aspectos podría decirlo que se encontraría en pleno principio.

Sin dudar a duda eran convincentes sus palabras, yo seguía escuchandolo

—Existen otros tipos de luchas, por ejemplo como ésta que tú te encuentras realizando, sin una mala intención esta obra podría ser el tesoro más preciado de la homosexualidad, porque lo tratas con mucha seriedad, sobre todo por lo investigado.

La historia de la conducta humana es incierta por todos los indicios descubriertos en cada década, tanto en lo religioso como en la misma estructura social que llevan cierta coincidencias con mis hallazgos.

Los conceptos eran tranquilisantes departe de este hombre, a pesar de ser heterosexual en su vida sus palabras hacían eco en mi mente y de cierto modo alimentaba más mi curiosidad, esto daba una gran satisfacción a lo que andaba buscando y yo proseguía.

—De cierto modo llevas razón mi amigo Constantino y esperemos que en poco tiempo los tratados por los derechos homosexuales cambien y no se trate a la homosexualidad como un sentimiento meramente superficial, en donde las leyes de la sociedad no tengan una sola cara y que a causa de esto los conceptos la homosexualidad quedan inexistentes o en espera.

La respuesta que he encontrado en Constantino era muy buena y lo llevaba en archivo para imprimirlo sobre todo por que había cierta coincidencias con las mías.

De esa manera seguí buscando en centenares de personas desde un enfoque heterosexual, fueron muchas pero no llenaban las expectativas que buscaba, porque en mi mente iban acumulándose preguntas y por esta situación necesitaba respuestas que no las podía encontrar en ningún sitio.

Por ejemplo una de ellas fue de un colaborador allegado de nombre Estiben a quién preguntaba

—¿Porqué nadie absolutamente nadie hace nada serio para darle la importancia real que se merece el sentimiento homosexual en los derechos en la sociedad?

Este con una sonrisa argumentaba

—Algunos colaboradores afirman que no tendrían argumentos fuertes para defender la homosexualidad por todo los resultados vistos por los intentos de buscar la igualdad en las leyes y en la educación escolar, aunque esto signifique una fuerte intención por carecer de apoyo en la misma sociedad, estas prefiririan mantener exluido el sentimiento homosexual y nuestros niños estarían aprendiendo de las redes sociales, su camino de vida, esta situación no sería nada aceptable desde mi punto de vista por todo lo malo que sirculan por ese medio, esto sucede y se debe a los fundamentos particulares que imponen el sistema homófobo social.

Algunas de las respuestas que lleve muy en cuenta y que aún así no me dieron una total satisfacción fue la de un amigo que trata de forma muy especial los temas homosexuales, su concepto llamaba mi atención, este amigo decía que la psicología de cierto modo llevaba razón en sus estudios.

Para él la homosexualidad tiene muchos perfiles y por lo cuál no se podría hablar de ella como una anomalía en la conducta humana, categóricamente confirmaba que los seres que tienen esta tendencia llevan consigo una carencia sentimental masculina o femenina en su infancia, ya sea paternal o maternal en el entorno de su niñez, su teoría estaba refugiada en un concepto edipico al afirmar que estos sentimientos hacia alguna parte de los padres daban paso a la homosexualidad como refugio y necesidad de aquellos que lo sienten.

Uno de los estudios psicológicos el de la carencia de cariño que es ya sabidos en todo el mundo pero no aceptado, podría ser algunos casos, pero él lo reafirmaba agregando a esto una falta de estímulo en la adolescencia departe del entorno educativo, algún guía que les enseñen a admirar la existencia femenina o masculina, esto sonaba en mis oídos como una dictadura un poco salvaje, pero era una respuesta dudosa podría ser que llevase razón hasta cierto punto aunque no era convincente.

De mi parte respetaba los conceptos de este amigo, de nuevo la conclusión fue que en esta respuesta no había encontrado ni indicio de lo que estaba buscando porque no comunicaba nada firme en concreto, agregando a todo esto, mi respuesta fue

—Mira Estiven, me sorprende la respuesta de tus conceptos, es que veo una contradicción en ti mismo, en esa contradicción tú eres el ejemplo, nunca te has auto analizado, tu serías un heterosexual definido, observate amigo, fuiste criado la mayor parte de tu infancia hasta los veinte años por unas monjas y tú más que nadie no podrías hablarme de que la causa de la homosexualidad en una persona podría ser la carencia de cariño paternal, que bien podría ser que sea alguna causa pero no generalizada, aunque existen muchas dudas al respecto, en alguno de los casos exista este tipo de conflicto sentimental pero por esta razón no se puede tratar la homosexualidad como algún algún refugio sentimental, lo mismo digo del educador o guía de algún adolescente, enseñarle a admirar el sexo opuesto sería bueno, pero sin ningún tipo de presión, porque al ser una presión el adolescente podría llegar a sentirse obligado o sometido y buscaría o estaría tentado a cualquier camino, aparte de esto la persona sería desplazada de personalidad y sentimientos.

Otra respuesta que es sabida por millones de seres

Normalmente estos seres tienen algún problema hormonal, sus hormonas femeninas o masculinas están más desarrolladas.

Esta respuesta no era convincente, porque si fuese algún problema hormonal se lo podría tratar desde sus principios en la persona que padezca cierta anomalía y según la búsqueda que hemos hecho, ninguna persona homosexual que se haya sometido a regular sus hormonas hayan dejado de ser homosexual, teníamos confirmado que no era nada físico, todas estas investigaciones aclaran que existirían casos especiales pero no me demostraría que estos conceptos sean correctos, muchos han tratado de solucionar su homosexualidad con tratamientos de un costo elevado de loqueros y psicólogos pero no han encontrado solución alguna.

Por otra parte que tipo de problema aría que aquellos seres muy varoniles que no llevan en si ningún tipo de deficiencia física hormonal y también de aquellos que tuvieron todo el cariño paternal en su infancia igual siguen siendo homosexuales.

Otras de las teorías que existen muy carentes de fundamento dicen que la causa podría deberse a algún estado mental pervertido que llevaría a la persona a descubrir un nuevo tipo de libertinaje sexual antinatural, que pondría en confusión los sentimientos del ser que lo practique.

Otras de las respuesta que si me pareció interesante fue la de un ateo errante que no sabía qué camino tomar el de la homosexualidad o seguir en su mundo, él había escrito un reportaje para uno de los defensores de la homosexualidad y le parecía no estar de acuerdo con las teorías que mencionaba de los comentarios o teorías que yo estaba recopilando, claro que de su parte seguía sin encontrar respuesta alguna, de mi parte lo único que sostenía era el concepto muy simple aunque más me esmerase en buscar respuestas no habría explicación alguna en la parte física.

Ahora bien la respuesta de este personaje salto a la palestra y su análisis fue.

—Lo podría definir la práctica homosexual como antinatural porque dos personas del mismo sexo no podrían reproducirse. En el caso de los homosexuales una relación física sería híbrida sin ninguna posibilidad de reproducción.

Me parecía interesante pero después de analizarlo brevemente basto una rápida observación y mi respuesta no se hizo esperar

—Esto no significa ni justifica que la homosexualidad este herrada sin fundamento y sin sentido.

Seguí el reportaje y mi pregunta siguiente lo dejo en un vacío inquietante.

—Mira Adrián pienso que tu estarías en mi misma línea, tengo una respuesta y pregunta a la ves a tu planteamiento ¿Que me dirías y como justificarías a los heterosexuales que no pueden procrear y que están unidos por un bello sentimiento? El me observó fijamente y su respuesta me parecía superficial, aunque prosiguió y muy inteligentemente su argumento fue.

—En cada respuesta que encuentres no encontraras satisfacción, siempre serán negativas, nunca terminaras ni encontraras lo que buscas porque terminaras como la misma teoría de la propia existencia del hombre.

Me dirigí a él con un cierto tono irónico

—Bueno estarías suponiendo con tu respuesta que la homosexualidad siquiera no tendría ninguna opción en la existencia humana.

Por que la teoria de la existencia humana en la parte científica contradice a la religiosa y ¿A qué teoria la sociedad esta ligada?

Su respuesta fue significativa

—La sociedad sigue en su evolución, tienes que tener muy encuenta la teoria del sistema religioso, aunque la cientifica asegura otra teoría, en nuestro tiempo el ser humano necesita pruebas palpables de todo concepto, puntualizando que la teoría religiosa no tiene ninguna prueba palpable.

El no siguió la charla, lo único que comento

—Yo no he encontrado una verdad explicita, tú lo podrías encontrar y el día que lo encuentres seré el primero en apoyarlo, desde luego que tu convicción y tu deducciónasia este tema es segura. De mi parte apoyo que el sentimiento homosexual es válido, aunque en principio veía algunas relaciones homosexuales de muchas décadas pero normalmente no en muchas, solo encontraba decadencia en casi todas.

Mi respuesta fue

—Bueno sería lo mismo en la heterosexualidad, no siempre los sentimientos del ser humano son acertadas a igual que la homosexualidad, además que el tiempo en que vivimos el ser humano se ha impuesto a si mismo poca tolerancia en las relaciones sea homosexual o heterosexual

De hecho que este personaje con aspecto insólito en su vestir, como salido de algún cuento de hadas tenía toda la razón del mundo, pero había una respuesta en su forma poco intensa en ver las releciones homosexuales, el analizaba la consecuencia de la homofobia que ha dejado limitada la vida homosexual y que por esa razon no existía un convensimiento total para sentirlo, vivirlo.

Todas estas respuestas dejaban en mí un vacío que me inquietaba como nunca antes, por que las respuestas eran muy negativas y dudosas para los conceptos ya encontrados y respaldados por investigaciones y reportajes, además todas provenían de personas que estaban en el estudio de las conductas homosexuales bajo la presión homofóbicas del sistema, por esa razón todos los estudiosos no llevaban como fundamento el sentimiento que procesan dos seres del mismo sexo.

En todo momento los datos que yo manejaba eran provenientes de individuos que asumián los conceptos que imponía la sociedad, era un gran problema por no encontrar respuestas reales positivas de parte de los investigadores comunes.

De nuevo todos los conceptos acumulados eran dudosos y por otra parte aunque más intentaba intensificarlos y analizarlos menos aceptaba estos conceptos, la homosexualidad era un sentimiento desconosido para gran parte de la sociedad pero por causa del sistema social no era aceptado, de nuestra parte no lo veríamos ajeno al sistema social y en cada segundo que pasaba me sentía más involucrado en este trabajo. Todos los conceptos dudosos me habían dejado una afirmación en mi conclusión, que la homosexualidad según lo encontrado he asegurado que en su concepto único, es sentimiento puro grandioso y no como todos estos conceptos herrantes que pretenden dejar a la homosexualidad simplemente como una gran ficción del ser humano una fantasía como muchos lo planteaban, así como los grandes carnavales del sur de América duraban solo tres días, esto jamás podríamos aceptarlo.

Dejando pasar unos días dandole un paréntesis para luego, volver a dar un repaso a todo los datos acumulados y al ver que mis dudas Iván disipándose, decidí continuar con más intensidad mi trabajo, buscando en todos los actos de la existencia homosexual algún principio, algunas de ellas fue en los teatros, asociaciones, movimientos, charlas, necesitaba una base fuerte, los sentía muy superficiales, la homosexualidad no mostraba un concepto sólido para defender su posición en la sociedad, sin demostrar o aportar alguna convicción, algunos de ellos lo veía y analizaba como personajillos mostrando alguna imagen híbrida, me fijaba en muchos presentadores de televisión, cantantes de fama internacional viviendo una vida fustrada, fingiendo una vida heterosexual, también me fijaba en muchos famosos que se quedaban como simples esparcidores superficiales de modas homosexuales para nosotros, lo mismo que algunos artistas homosexuales que simplemente mostraban unas imágenes híbridas, me llegué a hacer preguntas ¿Porqué ninguno de ellos han hecho ni han promovido la homosexualidad como preferencia de vida en la sociedad, luchando por sus derechos de vivir lo que sienten? simplemente quedaban como preguntas con respuestas muy decepcionantes.

Un día estando en un centro comercial de la ciudad donde me encontraba, se cruzo en mi camino un presentador muy conocido y renombrado, fui detrás de él y tuve la oportunidad de dirigerme en vos sueve y precisa desde una distancia no muy prudente para hablarle de mi trabajo, su acompañante pidió que no me acerque, que en otro momento podría ser, pero este pequeño hombre apartandolo preguntaba

—¿Referente a que sería su inquietud Sr.?

—Es acerca de la vida homosexual y su grito de igualdad, me interesaría saber su opinión acerca de este tema

Este hombre de forma apresurada respondía

—No hay mucho que decirle con este tema, espero no le molestes pero la sociedad está bajo un sistema social que no lo cambiarán, han dado un lugar creando ciertas leyes protectoras para la homosexualidad y creo firmemente que esto llevará mucho tiempo para que nuestra sociedad mundial acepte y quizas tú ni yo estaremos aquí para verlo. Los conceptos que manejan el sistema social son muy superficiales pero poco tratables, tu te darás cuenta que donde vayas a cualquier entidad social te encontrarás con un mecanismo dictado que para nosotros sería homofóbico, en donde sus respuestas llevan como escudo, la educacion de los niños, esto es el argumento que utilizan el cuál lo veo totalmente hipocrita. En mi entorno social veo jóvenes adolescentes llevando una vida homosexual, lo mismo en las universidades, centros educativos, gimnacios y mire hay ciertas empresas donde casi todo el personal es homosexual. Es un tema interesante espero llegues hacerlo realidad, yo también escribo pero no me queda tiempo ni paciencia para este tema, mi única opinión es mientras cada persona tenga el derecho de vivir como le venga en ganas y sea libre chin, chin.

Este hombre y su respuesta me pareció poco valiente, a mi pareser teniendo una posición social estaba en su ser defender y predicar su sentimiento y valor personal lo veía como una dejacion como vencido, agotado, este hombre quedó ante mí como un homosexual más del monton con una apariencia ficticia ante la sociedad, predicando libertad de elección, me parecía su respuesta muy superficial carente de relevancia, lo veía algo así como un irresponsable sexual, poniendo en claro que toda persona es libre de vivir su vida de forma responsable o irresponsable.

Para todo aquel que piense que el significado de libertad signifique promiscuidad vicios y otras dejaciones mis respetos pero las consecuencias de los actos no se hacen esperar, cuiden su sexualidad y amen con libertad.

Pasado unas semanas investigué al famosillo y descubrí que sus intentos amorosos terminaron mal por su conducta promiscua y libertina. Entonces entendí que de mi parte los conceptos que planteaba estaban en lo correcto, una vez más la razón me acompañaba, sigo manteniendo que no hay diferencia, libertinos promiscuos tanto en la homosexualidad como en la heterosexualidad sucumbían al fracaso sentimental.

Volviendo a este personaje a pesar de sus logros economicos no encontraba la felicidad, su vida estaba en una burbuja ficticia laboral y hasta su salud era muy dudosa, en resumen su vida solo era apariencia y su escusa era el sistema social, pensando en toda la homofobia que existe y viendo las consecuencias, por esta razón dejaría de buscar un sentido y sentimiento propio asía su mismo ser y sobre todo lo importante que es el respeto por el sentimiento que recibe de la sociedad y lo mismo por el que siente en su misma vida.

Siguiendo mis pasos analizando a todo lo referente al entorno social, hubo algo que centro mi atención, eran las películas homosexuales con contenido sentimental, esto fue el detonante de la frialdad de un hermetico sistema ante la vida homosexual, a ver en todas sus formas como exponían los directores a la homosexualidad en el cine, como algo prohibido no bueno y el final de casi todos los contenidos eran superficiales, trágicos no me trasmitían nada, siempre tenían un final no muy agradables, nada que invite a vivirlo.

Una de las obras que llamo mi atención fue la de " Secreto en la montaña" de los vaqueros gay, en parte me gustaba verlo y confirmar lo estudiado, porque mostraba la hipocresía de la sociedad y la discriminación que existían antes en el pasado y siguen en el presente, esta magnifica obra fue inspirada en los años sesenta lo cuál afirma mi concepto de dónde viene la terrible homofobia y no solo de esa época, esta confirmado desde otra época mucho más atrás y lo más fuerte de qué manera la homosexualidad fue tratada, ser homosexual en esas épocas era estar sentenciado a muerte, apaleado como uno de los protagonistas de esta gran obra llevada al cine, así como quemado violado o escuartisado como hay pruebas de estas acciones hechas por la sociedad homofóbica de aquellos tiempos, pero lo dejo así tal como está rastreros, inhumanos y bajos.

¿Y el presente? Quien habla de la hipocresía y la falsedad ¿Quién habla de la doble vida que existe actualmente entre los seres humanos disfrazando con una aparente vida heterosexual?

Por lo menos de estas magnificas producciones lo que he rescatado son los guiones donde muestran las victimas que se identifican con la vida actual de la sociedad, por que existen miles de personas de la doble vida que llevan sus parejas en este tiempo todo por culpa del sistema social, también sería bueno comentar el paso que dio la homosexualidad, porque después de aquella obra llevada al cine miles de vaqueros hombretones salieron del armario o se atrevieron a vivir sus vidas, aunque esta obra magistral no lo hayan presentado como un sentimiento real, que invite a vivirlo consiguieron en miles de personas un paso muy importante para la sociedad.

Llegué a acumular muchas observaciones muchas conductas pero fijándome en los resultados poco aceptados por una parte de la sociedad homófoba y observando todos los reportajes muy satisfactorios, decidí darle un espacio detener el trabajo hacerle menos intenso y tenerle al tiempo como mi único cómplice y compañia en esta aventura.

En ese espacio de tiempo de haber dejado unos días mi trabajo ocurrió algo inesperado, la muerte repentina de un amigo gay acabado por el virus del sida, fui a su funeral y sin querer llegó a mis oídos comentarios de un familiar del difundo, este personaje muy chabacano afirmaba diciendo que todos lo gay son víctimas de este virus y que es un castigo de Díos. Pasando de él y mirándolo entre mis gafas de sol sin decir nada mordiéndome los labios, me acerqué al hermano del difundo a quién mi amigo fallecido más quería, le dí mis pesame, bueno realmente no le daba los pésames por el muerto, sino más bien por el tipo de familia que tenía.

Ese funeral significaba un pequeño incentivo para emprender de nuevo con el pretencioso proyecto desgastado y dejado atrás, de esa forma con ganas me ponía en marcha de forma lenta con el tema homosexual, abriendo de nuevo el aparcamiento de mis reportajes en donde había dejado guardado toda recopilación muy positivas y desde ese entonces no me detube, tomé como una obsesión una necesidad de conocer otros puntos en el tema homosexual y para lo cuál me plantee buscar nuevas respuestas, pensaba por dónde comenzar y analizando a la sociedad fui por la parte más polemica, entre tanta homofobia decidí buscar en la parte religiosa, aunque la distorsionada forma de ver que tenía el sector religioso asía la homosexualidad desde el pasado, este sector fueron siempre motivos de polemica para muchos defensores del sentimiento homosexual.

Antes que nada me gustaría lanzar una pregunta al aire y hablar de este tema.

¿Por que las religiones no aceptan a la homosexualidad?

Desde mi punto de vista es muy profundo el entendimiento y la comprensión de los que practican la vida religiosa, sobre todo al ver que ninguno de estos seres acatan lo que sus doctrinas les dictan.

La homosexualidad no está vista por las religiones como una práctica sentimental, aunque según nuestras investigaciones en ningún pasaje nombra a la homosexualidad, simplemente discrimina las prácticas sexuales lascivas o promiscuas de la heterosexualidad, dejandolo como pecado.

Para mi entendimiento yo veía que el mismo sector religioso se refugiaban en los conceptos dudosos de los estudiosos a serca de este tema, sumado a sus leyes que acresentaban estos conceptos homófobos que ni a ellos mismo convencían, por otra parte veía que todas las personas religiosas que fueron entrevistadas se ponían en una posición defensiba, brillaban en ellos la hipocresía y la manipulación social arastrados desde épocas pasadas, las cuáles los estaban llevando en práctica las personas que estaban preparadas para todas las preguntas que surgían, para mis oídos de cierta manera sus respuestas eran huecas ya analisadas desde un punto de vista defensivo, así como lo plantean muchos conceptos superficiales que sin tener una investegacion exacta no le estarían dando la importancia real al tema homosexual, las respuestas de mis reportados salían sin sentimiento, vacías, porque todas ya las tenían recopiladas y no me parecían satisfactorias, no me detenía los veía y sentía hipócritas, al ver la mirada rota de uno de mi entrevistado, el tés rojo de vergüenza y lo nervioso y tenso en el que se estaban envolviendo aquel ser, salía una pregunta en su miedo.

—¿Tiene usted algún problema con el sistema social?

Respondía inmediantemente

—El problema que tengo no es solo de mi parte, sino más bien de un trinta por ciento de la población mundial, que para mi entender este sistema social es incorrecto con una falta total de respeto hacia la vida de los seres que son millones en nuestro mundo, que viven su homosexualidad en las sombras camuflayados en la vida heterosexual.

Este hombre proseguía.

—Usted se encuentra buscando respuesta del por qué discrimina la sociedad la práctica homosexual, tendría que recibir respuestas de los mismos protagonistas que discriminan.

—Pero oigame señor la religión discrimina a la homosexualidad.

Interrumpiendome

—El sistema social no tiene nada que ver con lo religioso. Las religiones siguen sus doctrinas y en las cuáles la homosexualidad esta vista como lascivo no lo aceptan.

Sin detener el reportaje yo continuaba

—Pienso que usted estaría equivocado, en toda doctrina religiosa se encuentra el respeto a todo ser humano que todos están habiertos a ser recibidos por Díos, me atrevería a afirmar que parte de vuestra religión y no solamente la suya, están llevando una persecucion homófoba, por lo que significa aceptarlo en el sistema religioso, aunque este muy difamado vuestro sistema por que la homosexualidad desmedida en un silencio tetrico a veces salen a la luz. Me gustaría repetir un reportaje hecha a una de la entidades religiosas más importante del mundo que decía.

—Quién tiene potestad de afirmar el rechazo de Dios por no formar parte de la ideología de cualquier religión. Dios es amor, acepta a todo ser que promulgue sentimiento, amor, no es un delito sentir amar.

El acto sexual es lo más bello que Díos le dio al hombre, aparte de eso según mis investigaciones el ser humano nace con sentimiento bisexual y elige que sentimiento llevar en el transcurso de sus vidas.

No se podría afirmar ningún concepto dictado por niguna doctrina, las cuáles fueron escritas en tiempo pasado y la evolución del hombre en cierta parte de la existencia humana ha sido desplazada en la parte social, puntualizando sobre todo en la parte homosexual que ha dejado de evolucionar con libertad, aunque haya siempre vivida muy apasionadamente en las sombras, subsistiendo secretamente en la sociedad de aquellos tiempos del pasado y tratando de liberarse hasta el día de hoy.

También la influencia religiosa una ves creada en la existencia del hombre, tenían un importante protagonismo para la vida de los seres humanos, aunque en tiempos de inquisición el sistema social era un infierno, una dictadura ignorante desmedida, donde por pensar de forma diferente, eras decapitado o sentenciado a muerte colgado, ahorcados en las puertas de las ciudades.

La homosexualidad nunca ha discriminado el sistema social impuesto durante todo este tiempo, mientras que el sistema social siga sin darle la importancia que tendrían que darle, por que mire creo que en la homosexualidad impera el sentimiento por todo lo que le rodea y esto lo aseguro categóricamente por lo que hasta hoy fui encontrando. De mi parte no le estaría hablando de presunciones le hablo desde un punto muy profundo de investigación.

Ya tenía estos datos religiosos, pero en contrapartida había estudiosos de estas doctrinas que afirmaban que no existia exactitud en ellas que solamente mencionaban actos impuros refiriendose a los que vivían su heterosexualidad y en secreto o a luz practicaban el sexo homosexual como libertinaje.

Las palabras de mis entrevistados eran superficiales jamás tendrían alguna razón, mis colaboradores con sus comentarios por los trabajos de investigaciones que habiamos realizado, demostraban como todos estos conceptos fueron difamados en varios sectores de la conducta social y seguía pensando que en la religión no existía respuesta, agregando a esto que el sentimiento homosexual ha existido mucho antes que existiese ninguna religión y sistema social.

Ante el silencio de mi entrevistado, proseguía con mis argumentos para seguir con la entrevista

—Me gustaría comentarle que todas las religiones creadas, especialmente algunas de ellas desde mi punto de vista personal, sobrepasan lo pensable, estremecen su historia, la crueldad y la maldad del sistema de aquellos tiempos del ser humano, donde predominaban las costumbres bárbaras, las manipulaciones en sus leyes religiosas, anteponiendo los supuestos cabecillas que dictaban leyes a sus antojos y veneficios propios. Por la filosofía que predicaban igualdad común para todo ser humano, por esta filosofía fue ejecutado muchos profetas religiosos, la ejecución de dos frofetas con similitud en sus conceptos de profetizar, fueron el motivo de la creación de una religión que para mi entender es buena mientras que en el contenido de sus doctrinas no sean manipuladas para convenencia propia, aunque es innegable que todas la religiones llevan riquezas materiales, mientras que en el planeta hay millones de niños que pasan hambre.

Las religiones que llevaron muchos actos espantosos en el pasado, especialmente una de ellas la que fue protagonista de una de la más cruel y terrorífica imagen del pasado, sobre todo por el hecho que la victima fue su propio profeta, porque su profecía hacía temblar el sistema social ya creada en su tiempo, su mismo pueblo y sus dirigentes lo llevaron a juicio para acabar con su existencia, el maltrato y la brutalidad con la que acabaron con su vida, jamás podría ser olvidada en la existencia humana, así como su misma filosofía; Él es y será un ejemplo de divinidad humana, en su filosofía creo el comunismo social, que hoy en día esta mal vivida y difamada. El comunismo sectarial utilizan algunos sectores para veneficio propio.

—Él hombre muy atento pedía que continúe, aceptaba mis conceptos por la expresión que mostraba

El comunismo global no sectario promulgado por el filosofo más renombrado en la existencia humana, fue el motivo del nacimiento de una corriente religiosa que lo respetamos para mi entender mientras no sea manipulada para veneficio de ningún sector será y seguirá siendo bella y única.

Usted que me diría si le aseguro categóricamente que toda creación del hombre, es manipulada y que no existe una verdad convincente asía este tema tan importante como la homosexualidad ¿Y si la verdad fuera otra?

Usted sabe que la vida del hombre siempre fue manipulada por las mentes para beneficio propio y que las leyes del sistema están creadas para el manejo de la vida humana para veneficios propios de las que los dirigen hasta hoy día, nada es para el ser humano todo es para un sector que manipulan a sus antojos al hombre, por una conveniencia economica, esto sería el comunismo sectario, obrar, manipular leyes impuestos a la sociedad para veneficio propio, nada es por humanidad todo es por un beneficio economico que les da poder para acrecentar sus riquezas, mientras que el pueblo sometido sufre miserias hundidos en un estrés de vida.

La opinión que detuvo mi relato fue

Todo lo concerniente al sistema social economico de mi parte es nulo, me encuentro ajeno a comentar siquiera ese tema, aunque claro soy consciente de que a toda religión toca algún veneficio económico.

Continuaba con mi relato

Usted estará al tanto que en nuestro tiempo siguen las guerras por un poder economico y dígame que gobernante no tiene poder económico, igualmente en lo religioso tienen poder economico gozan de riquezas inesplicables, es que da mucho en que dudar, por que en las doctrinas religiosas hablan de amor, igualdad, de sentimiento, comprensión, la paz, la admiración y el respeto por todo ser vivo, conceptos que coinciden con los sentimientos homosexuales. Segun mis expectativas en algunas décadas más ya no tendran ayuda económica, ya no viviran del diesmo que les da opulencia y vida facil.

Como podría ser que hasta hoy día siga el sistema religioso viviendo de la caridad, habiendo tantos niños y seres humanos vivendo miserias en el planeta, por que los suntuosos lugares que utilizan para albergar a estos religiosos no lo utilizan para orfanatos, escuelas, hospitales, comedores.

Él poniéndose de pie respondía

—Creo que sus teorias y conceptos hablan de la verdad, pero hay que ver la parte positiba de las religiones, el ser humano necesita ser guiado ser manejado, no intente acomodar lo que a usted le parezca conveniente en ningún análisis del sistema religioso, las doctrinas de toda religión rechaza las prácticas homosexuales y no existe forma de cambiar el sistema religioso.

El entrevistado con esta respuesta y actitud daba razón a los conceptos que llevábamos que para nosotros es la única verdad, pero para mi visión no existía ninguna religión que lleve un argumento convincente ante el sentimiento homosexual y nadie en el pasado se atrevió a enfretar este dilema, por que en cierto tiempo del pasado en épocas de la inquisición, la religión era la que dictaba el sistema social, la inquisicion fue la más nefasta espantosa y corrupto sistema de la humanidad.

A este personaje nadie le podría quitar de su burbuja, bueno yo lo entendía era un dirigente religioso y su sustento provenía de la religión, aunque para el nuestro conceptos eran muy fuertes, hasta le tenía temor por que el mismo dejaría excluidas a las religiones del sistema social.

—Usted no se ha puesto a pensar que de aquí a un tiempo las religiones no tendrán la influencia necesaria para la humanidad, que la evolución del ser humano ha creado diversos caminos en lo religioso para convenencia propia y que la sociedad ya no aceptaran las opulencias y riquezas de la que gozan las religiones.

Su posición defensiva aumentaba y sus nervios y estrés lo delataban, mi entrevistado estaba a punto de abandonar la entrevista. Sin dar importancia proseguía con mi entrevista

—Y que me diría usted de aquellas relaciones homosexuales que son millones y siguen décadas viviendo sus sentimientos hasta el fin de sus días

¡ No le parece que sus respuestas más bien serían incoherentes sin fundamento por defender una fobia asía los homosexuales !

Y que dicha fobia proviene de hace miles de años y que por una manipulación del hombre la heterosexualidad ha predominado dejando desplazado a la homosexualidad como sentimiento en las sombras.

Continuando con mi monólogo y viendo que de forma repentina aquel hombre cambiaban como el día y la noche y su tono suave claro y relajante de vos se convirtió en algo espantoso, hasta me traía recuerdos del vecino tirano que sometía a golpes a toda su familia, mi respuesta fue una sonrisa.

El prosiguió

—Lo he escuchado, en este momento su tiempo de reportaje ha terminado se ha excedió en este tema, veo ha que instancias ha querido llegar y que intenciones tiene y no le contradigo, pero usted tiene debe de aceptar que la religión se encuentra ajena a este tema y tiene su posición .

Depronto relució en aquel ser una pregunta y con un tono irónico dirigiéndose a mí.

—¿Usted es homosexual? por el trabajo que se encuentra realizando

Dándole la espalda recogiendo mis apuntes siempre con una sonrisa como me caracterizaba le contestaba

—¡Perdóneme! ¿Me está queriendo ofender? No existe en mi ningún tipo de fobia y si fuera homosexual estaría orgulloso de serlo, ya tiene mi respuesta.

Con respecto a mí, me siento un homosexual más, mi trabajo en este momento es investigar la homosexualidad desde todos los puntos necesarios, hibrido y decadente serían muchos seres humanos independientemente del sentimiento o corriente religiosa que practiquen. Aparte de todo esto los comportamientos ambiguos que llevan a los religiosos que van pronunciando sus conceptos, doctrinas mal practicadas y pensamientos de restricciones, jamás serán aceptadas por gran parte de la sociedad.

Después de este comentario, este hombre mirándome fijamente y de forma cortante prosiguió, disculpe y dándome la espalda pidió que me retirase, como vencido bajo un fuerte suspiro como de nervios retirando sus gafas precionaba sus ojos.

Yo muy sorprendido, ante su comportamiento, agregué en mi partida.

—Trate de vivir bajos los conceptos actuales del ser humano y recuerde que en cada época brilla la verdad y la justicia y no pido a nadie que cambie ninguna doctrina sino más bien que la corriente religiosa a la que pertenece de oportunidad al estudio de la conducta humana sin imponer y despreciar ningún tipo de sentimiento.

A continuación pedí disculpas y le agradecí, claro con un comentario no muy agradable.

—Mire y perdone lo que voy a comentarle en mis trabajos no nombro a ningún personaje religioso, pero aunque este reportaje le sea indiferente, para mí es todo lo contrario, de ahora en más trataré de buscar en la misma gente que siente y viven esto; Así como ha mencionado usted porque aunque no le guste lo que estoy afirmando a cerca de la homosexualidad de mi parte está estudiado y le podría decir que la homosexualidad acompaña al hombre desde su misma existencia la cuál está acresentada desde sus primeras manifestaciones antes que exista ninguna doctrina religiosa.

Perdone señor y muchas gracias por su atención.

Este reportaje me daba la seguridad que en la parte religiosa no podría encontrar ninguna verdad, mientras estos no tengan respeto asía el sentimiento de un gran sector de la poblacion mundial, por qué en mis investigaciones no he encontrado que el sentimiento homosexual sea decadente ni mucho menos ficticio, todo lo contrario es pura pasión desmedida su fuerza es como su delicadesa si no lo sabes cuidar te podrías perder en ella su grandeza brilla en los personajes mas famosos de la historia guste o no guste tendrán que aceptarlo con el tiempo.

Después de salir de aquél lugar y desde ese entonces la respuesta religiosa creaba una particular forma de ver y proyectar los conceptos que de alguna extraña manera coincidía con el sistema social, a lo cuál uno de mis colaboradores opinaba que estos conceptos le traian recuerdos de lo encontrado en tiempos de la inquisición las cuáles jamás serían aceptadas por el sentimiento homosexual.

Antes de emprender esta inspiración lograda gracias a Fernando y Antonio, me gustaría dirigirme a todos los visexuales, decirles que sus libertades son de responsabilidad de cada cuál que lo viva, pedirles que se aclaren en sus preferencias sexuales y que recuerden que en su eterosexualida esta implicada los hijos, no engañen a ninguna de las partes ya sean baron o mujer.

Vivid libres disfrutando de sus verdades sin engaños, por todo lo visto hasta hoy que las unicas victimas son los hijos por ellos y para ellos.

Respetando y aclarando que cada cuál con su libertada de ser y sentir está en cada cuál.

Los resultados de estas investigaciones dieron lugar a una sola verdad innegable, que la homosexualidad es sentimiento y por tanto estarían con los mismos derechos en la existencia humana.

Después de terminar todas las investigaciones, reportajes y experiencias he llegado a la conclución que tú decisión lo tomarías después de terminar de leer esta saga, tú verdad será la que tú desidas vivirla.

Sin más pretensión este primer trabajo será por ti esperando que tu ilusión se cumpla y lo hagas tuya.

Esta historia inspirada en Antonio y Fernando tras sus relatos de experiencia lo he dedicado a ellos, una pareja homosexual ejemplar, con mucho cariño y decearles el resto de sus vidas sigan con sus sentimientos que son un verdadaero ejemplo para el mundo.

BASADOS EN HECHOS VERIDICOS

Antoni y Alexander, dos personajes involucrados en un sentimiento confuso y ajeno para uno de los personajes para el otro soñado.

Antoni

Era un día de verano, uno de los protagonistas de nuestra historia se encontraba en un campo de fútbol realizando unas prácticas de ejercicios físicos.

Su nombre es Antoni, acompañado de varios amigos sus ejercicios lo realizaban con ciertas gracia y con ciertos roses de cuerpos que para alguna mente morbosa habría dado lugar a alguna escena sexual erótica.

Estos hombres curpulentos empapados sus cuerpos en sudor seguían sus rutinas de ejercicios, que en sus formas mostraba ciertos erotismo, en los roses constantes de sus piernas y al fliccionar sus partes uno con otro, las imágenes mostraba una posición sexual que a más de una persona le haría suspirar.

Antoni, se ganaba la vida trabajando para una de las empresas de su padre, él manejaba toda la parte de control y producción de una de las importadoras más grande de aquel país, sus honorarios lo percibía como cualquier obrero de la empresa y solamente los empleados más antiguo del lugar sabían quién era él, pero guardaban su identidad por orden explícita del padre, esto se debía por las diferencias de caracteres de padre y de él mismo hijo.

Él era un hombre que se apasionaba con el deporte, siempre tenía sus momentos ocupados por alguna afición deportiva, su personalidad carismática eran admiradas hasta por el más ruin que le rodeaba y su vida era el deporte y el trabajo.

Alexander

Por otra parte nuestro segundo protagonista de nombre Alexander, se encontraba la mayor parte de su tiempo en una universidad de bellas artes tomándose unas clases de esculturas, siempre lucía un aspecto muy especial, alejado de todos con un carácter fuerte parecía casi rebelde con un don peculiar para el arte, siempre estaba en algún rincón de los jardines de la universidad buscando en cada obgeto algún sentimiento, alguna inspiración para crear.

En casi todos sus momentos era interrumpidos por un amigo, este lo acompañaba y con quien compartía una relación sentimental poco correspondida, porque el compartamiento de este personaje en algunos momentos era un tanto sospechoso, su ir y venir, sus momentos pendiente del reloj, aunque Alexander se obligaba a aceptar todas sus faltas, por su homosexualidad, más por lo que sentía por él, para Alexander era muy importante estar con alguien, estar acompañado.

Este amigo, con su comportamiento, le hacía pasar ciertas situaciones incómodas que ocasionaban celos y disgustos extremos, convirtiéndose los momentos de Alexander muy tóxicos, más se debía porque llevaba una vida bisexual y sus romances inquietos eran los motivos desbordantes de disgustos.

Un día Alexander se encontraba fuera haciendo un trabajo de restauración de pintura antigua con uno de sus maestros y llegaba muy tarde a su casa.

Cuál fue su sorpresa al ver una pequeña luz encendida que el utilizaba en sus momentos más eróticos de sus encuentros con su sufrido amor, al abrir la puerta de su casa encontró a su galan en una situación muy comprometida, este sinvergüenza descaradamente lo estaba engañando, lo peor de todo estaba haciendo sus encuentros su propia cama y lo hacía con una mujer compañera de la universidad, quien veía todos los días el rostro de Alexander, esto significaba un fuerte golpe y decepción para Alexander.

Su temperamento y reacción no se hizo esperar, de forma muy enérgica irrumpía aquel acto sexual.

—Tremendo asqueroso, hijo de mil dominios "Óyeme coge tus ropas y vete antes que cambie de actitud" Coge tus pertenencias y vete ahora mismo no te diré por tercera vez.

Sus escusas se hacían presente ante la presencia de la mujer quien con una mirada irónica sonriente, ponía a hervir la sangre de Alexander, este iluso trataba de exusarce explicándole su situación

—Pero Alexander quería explicártelo pero, sabía que no me lo permitirías.

Alexander mirándole de reojos preguntaba

—¿Por qué me has hecho esto? Yo fui siempre sincero, te he ayudado, te he dado todo lo que pude, mi y atiempo mi sacrificio y hora no busques excusas esto ha terminado no me ineteresa lo que tengas que decir.

Él supuesto galan más que sínico lloriqueando contestaba

—Quería decírtelo ella hace más de un año que lleva de estar a mi lado fuera de los dos y ahora está en cinta y hoy he venido junto a ti para hablar de esto.

Alexander entre lagrimas y risas contestaba

—¿Y eliges mi casa y mi cama para tu revuelcos y luego pides hablar de esto ja ja ja?

—Pero Alexander no te había hablado antes porque no estaba seguro de mis sentimientos, creo que ahora lo estoy y mi decisión es de seguir con ella.

Es más, está esperando un niño mío.

—No te comprendo listillo, estás insinuando que yo tendría que aceptar lo que a ti te parezca, así como siempre lo vengo aguantado por el hecho de ser homosexual, estas muy equivocado no me digas más, ahora coge tus cosas y vete. De mi parte no esperes perdón ni respeto, vete ahora ya.

—Pero Alexander no me pedirás que me vaya de aquí ¿Dónde iré?

—Pues así como te has ingeniado en tomar tu decisión para buscar tú bienestar sentimental, pues ahora buscate la vida y deseo encuentres la felicidad, vete, desaparece de mi vida, hasta me das asco. ¿Quién te crees tú? para venir y decirme todo esto después de la traición que has cometido? Pues mira la victima soy yo, que te pensabas desalmado, mírame, soy de carne y hueso y siento y mucho más que tú y no te pienses que por el hecho de ser homosexual te permitiré a ti ni nadie vaya a jugar con mis sentimientos, ni mucho menos aprovecharse de mis sacrificios, soy el culpable de este abuso, vete a las buenas antes de que te de una reverenda paliza de la cuál no olvidarás el resto de tú miserable vida.

Y cogiéndole del cuello lo llevó fuera semi desnudo, luego volvió por la mujer, dirigiéndose a ella.

—Me das pena, mucha pena

La cubrió con una sábana y la llevó a la calle, cogiéndole del brazo se dirigía a ella.

—Él día que nazca el niño que llevas, espero tengas cobijo y si te encuentras sola ven a buscarme que a él inocente no le faltará, poniéndote en claro, que no te asomes sí continúas con este parásito, cogió una bolsa grande de tela oscura, metió todas las cosas que encontró en su camino, incluso su propia ropa y lloroso lo tiraba a la calle, dándo un portazo que hizo temblar todo el sótano, para luego arrojarse lloroso en el suelo bañado en lágrimas por lo mal que se sentía.

Pasado los minutos lo único que en su mente se repetían en forma de burbujas las imágenes de una escultura y de varías pinturas que tenía como boceto en mente, eran su única compañía y consuelo hasta quedarse dormido tendido en un viejo sofá.

El lugar era una vieja mansión abandonada a las afueras de la ciudad, que el mismo lo había arreglado con permiso de su propietario y a la vez para dar una ayuda a una pareja de ancianos que se encontran en ella.

Ellos a cambio de la ayuda le cedían la parte del sótano en donde más bien parecía un estudio de arte, en el realizaba todas sus inspiraciones artísticas, lo cuál era perfecto por el espacio que tenía para su arte.

Antoni

Por otra parte encontrándose en su rutina diaria de deportes, esta vez en un gimnasio sucedía algo especial, repentinamente un joven lloroso preguntaba al portero del lugar por Antoni. Al oír su nombre muy curioso se asomaba preguntando

—¿En que podría ayudarle señor? Es que oí mencionar mi

nombre, perdóneme su rostro me parecen familiar

—Sí señor perdóneme ¿Podría hablarle a solas?

—Sí, como no, salgamos fuera

—Yo soy Rafael el chófer de su padre.

Y abrazándole se echó a llorar en su pecho. Antoni sorprendido lo apartó lentamente y le pidió que se tranquilice. El hombre le comentaba lo sucedido

—Ayer por la noche he llegado señor y no me parecía correcto molestarle, es que tengo una mala noticia que darle, su padre falleció en un accidente y me había pedido que llegue hasta usted para entregarle este maletín y repetirle todo lo que me había pedido que le comente antes de su inesperada partida.

Antoni lo observaba y no cogía la maleta que el pequeño hombre acomodada sobre un pequeño muro que hacía de cantero en un jardin, el pedía al hombre que prosiga, pidiéndole perdón se sentaba en un pequeño banco que se encontraba cerca.

—Por favor, prosigue ¿Le gustaría tomar algo de beber? Espere, traeré para los dos agua y por favor tome asiento Rafael.

El hombre sin parar de hechar lagrimas proseguía

—El me pidió que le repita sus palabras. Qué siempre él lo quiso y que nunca fue un padre para usted y que por favor cuide todo lo que ha dejado para usted de herencias, aquí en este maletín se encuentra todo lo referente a bienes, perdóneme es que no lo soporto.

Y terminaba desbordándose en un fuerte llanto.

—Hombre pare de llorar ¿Pero cómo ha ocurrido? ¿Qué tipo de accidente?

—Encontrándome en compañía de su padre haciendo el jardín en unas de las casas, yo no me había percatado, en un descuido, él había cogido el coche tras a ver recibido una llamada y apenas colgado el teléfono móvil, sucedió todo de forma tan rápida, no pude hacer nada, fue solo con el coche y a pocos kilómetros del lugar tomó la curva cerrada y con el suelo mojado terminó estrellandose por un tráiler acabando así con su vida, su padre me había llamado desde su teléfono móvil, en plena agonía para despedirse, pidiéndome a gritos que me de mucha prisa y comentándome que acababa de tener un aparatoso accidente, y de esta no se salvaba y que cogiera su cartera apenas llegase, pero antes que el termine de hablar yo ya me encontraba cerca del lugar, esto sucedió a cercanías de la casa de campo serca de las montañas.

Por Díos señor, él hombre que colisionó el que, iba con el tráiler en el momento había fallecido yo llegué hasta su padre, lo encontré muy mal atrapado entre los amasijos de hierro hasta el último momento no perdió su sonrisa, me pidió que repita la combinación de una caja fuerte, la caja fuerte se encontraba bajo suelo, por debajo de la mesa de su escritorio en su oficina.

Mire señor le hago entrega de su cartera y con ella los números de la combinación, y en su último suspiro dijo, que él a usted lo quiso de forma especial pero nunca le pudo comentar ni demostrarle y que le perdone por haberle abandonado en su niñes, luego serró sus bonitos ojos azules para partir.

Antoni poniéndose de pie lo abrazó y le dio las gracias muy lloroso y diciéndole.

—No sé qué decir es que a ese hombre yo nunca lo había visto como un padre, sus ideas y formas de ver y tratar las cosas jamás yo lo había aceptado, pero bueno ha partido y ambos hemos perdido el uno del otro, el amor de hijo a padre y de padre a hijo, si me ha dejado algo frío como era él, no me negaría a ello, sus inmensa fortuna en vienes y dinero nunca los llevé en cuenta, a sabiendas de su carácter nunca le dí importancia ni si quiera tenía una idea de lo que había dejado, así lo recibiré, como él lo hubiese hecho y decidido.

Aparte de mi padre ¿Usted sabe algo de mi madre?

El hombre bajando la mirada respondía

—Creo que no le gustará lo que voy hablarle de su madre, si usted me permite y no va a sentirse molesto le diré.

Antoni tocando el hombro le pedía que continúe

—Señor su madre fue una persona muy entregada a la buena vida, su ritmo de vida no iba en consonancia con lo que su padre podía ofrecerle.

En uno de esos días donde siempre su padre después de cada viaje al interior regresaba, las llamadas de atención eran muy fuertes asía su madre, hasta que en una oportunidad su madre tomó sus pertenencias que no eran muchas y se marcho.

Al cabo de unos seis meses recuerdo que fue un día caluroso, su padre me había dado trabajos en una de sus huertas, cuando nos disponiamos a comer, una mujer tocaba la puerta para entregar a a su padre un niño el cuál sería usted, esta mujer le dejaba una nota repitiéndole fuertemente que el señor era su padre y que su madre había muerto al caerse de un balcón a causa de estar bajo los efectos del alcohol. Usted habrá tenido solo un mes de nacer.

Antoni no daba mucha importancia a la muerte de su padre, el relato de Rafael lo dejaba muy mal con respecto a lo que comentaba de su madre, simplemente lagrimeando con un largo suspiro siguió conversando con aquel hombre, quien pedía a Antoni que le acompañe a una de las casas para indicarle todo lo referente a las propiedades de campo y mostrarle donde se encontraba el pequeño bunker que solamente él y su padre sabían de su existencia.

Una vez visto todo lo que su padre había dejado, Antoni dejaba a cargo de Rafael el manejo de todo lo referente a campo y animales, las grandes plantaciones, miles de cabezas de ganado y muchas tierras todas de cultivos, miles de hectáreas de tierras las cuáles siempre estubieron a su cargo.

Alexander

Dolido por la decepción sentimental de aquel compañero de universidad, y con la ayuda de su amiga incondicional y compañera de arte de nombre Magua, fue recuperándose emocionalmente, ayudado por los consejos de esta amiga Alexander comenzaba de nuevo a salir y disfrutar de los bellos jardines de la ciudad donde él volvería a sentir el sol en su rostro para recuperarse de forma lenta de aquella decepción, él decidía dedicarse de nuevo a su arte que fue siempre su pasión. Increiblemente impregnaba en sus pinturas y esculturas todo lo que sentía, sus bocetos eran futuras obras, ya tenían cientos muy bien guardadas, en cada una de ellas había tanto sentimientos reprimidos que al callarlos iban impregnandolos en sus obras.

Su arte eran tan especiales que no sobraban sitio en ellos, todas inspiraban sentimiento en algunos criticos populares de la ciudad, muchos de ellos estaban fascinados con sus obras.

Pasaron los días y Alexander había tenido un grave problema que le quitaba su motivación artística, era el perro de la abuela, a quien lo veía como algo suyo, era su mejor amigo de paseos y su mejor compañía, el perro se encontraba con problemas de edad y a la vez había tenido una cirugía y él no se despegaba del canino, lo mismo que la abuela que le asía daño al verlo enfermo, quien era prácticamente dueña del animal. El tenía que llevarlo a la veterinaria y como estaba con pocos recursos económicos llevaba al perro en brazos, por qué no tenía vehículo y nadie que le eche una mano.

Para Alexander no había obstáculos, él era un joven con mucho carácter, muy emprendedor pero su melancolía lo volvía muy frágil en sus relaciones amorosas.

En una de esas tardes Alexander rumbo a la veterinaria, con el perro cargando en sus brazos, mirando el cielo oscuro exclamaba

—¡Por lo menos de ti esperaba en mi momento difícil un pequeño apoyo cielo oscuro! Veía que el cielo estaba a punto de desbordarse, estaba negro relámpagueante, el apresuraba sus pasos hasta llegar a la veterinaria, el doctor lo recibía recriminándole por el mal tiempo que hacía, el sonriente respondía no ha pasado nada malo y tomaba asiento, se recostaba por el cansancio. En ese momento de forma repentina se abría la puerta de entrada, era un hombre muy robusto traía a un animal herido de bala, era un joven venado. El veterinario lo cogía y lo llevaba dentro para darle asistencia, el hombre de nombre Henri haciendo comentarios muy fuertes como

—¿A quién se le ocurre disparar a un animalito tan indefenso? Me pregunto si a esos seres sin escrúpulos les gustaría que alguien les de caza.

Alexander sin parpadear lo miraba, los labios carnosos de Henri que brillaban húmedos entre su espesa barba, le llamaba mucho la atención, el seguía mirando su aspecto de pie a cabeza, sus camisas a cuadro y su chubasquero parecían hipnotizarlos y para no quedar en silencio Alexander comentaba.

—Así es hombre y no solo con los animales entre las mismas personas los daños que nos hacemos abecés es peor que la herida de una bala.

Henri lo miraba y guardaba silencio, mientras que el doctor salía comentando

—El perro está muy bien Alexander, pasa que es un mimoson y pide atención y estos recibos de pago los entregas a la abuela y gracias estoy seguro de que tú eres el hijo que nunca pudo tener esta señora, ten cuidado que está por caer la lluvia y la calles están muy oscuras.

Henry mirando al perro que Alexander llevaba en brazos, se dirigía a él pidiéndole un favor.

—Hombre ¡perdoname! Me aras el favor de permitir que yo llevase a usted y su perro Alexander agradeciéndole respondía

—Gracias señor pero iré andando, no me gustaría molestarle, después de lo que está haciéndo con el pequeño animal.

La respuesta de Henry no se hizo esperar

—¿Quién te ha dicho que será una molestia? Usted me invitará un trago fuerte, seguro lo tendrá en algún rincón de su casa, ja, ja, ja perdona mi atrevimiento.

Ese comentario lo hizo con tal entusiasmo que Alexander capto algo en él respondiendo.

—Muy bien ¡Y por qué no Solamente un trago también a cenar? Claro si te apetece así me hago de un buen amigo, porque lo que tú has hecho muy pocos lo hacen, pobre animalito ojala salga de esta.

Ya acomodados en el vehículo de Henry, Alexander no quitaba ojo de aquel corpulento hombre, observaba sus fuertes y velludo brazos y lo fresco y varonil que mostraba su aspecto, Henry mirándole preguntaba

—¿Por qué vienes solo? no tienes a nadie que te heche una mano.

Alexander entuciasmado respondía

—Tengo algún que otro amigo si pasan cuatro ya es mucha gente, prefiero estar solo por evitar todo lo tóxico y vivir para lo que realmente amo que es el arte.

Una vez estando en la casa, Alexander no sabía como tratar a su nuevo amigo, Henry muy sonriente miraba las pinturas que colgaba en las paredes de Alexander

—Vaya, vaya ¡Qué cuadros tan bellos! ¿Tú eres el autor de todo esto?

—Si, ¿Entiendes algo de arte? Preguntaba Alexander

—¡Qué preguntas me haces Alexander! poco entiendo de arte, pero en mi poco entendimiento me quedo observando fijamente estos colores y estas figuras que me dicen cosas, me comunican mensajes unas inquietudes que me deja curioso, creo que tal vez por esta razón lo llaman arte abstracta.

Alexander con muchas ganas, como saliendo del tema comentaba

—Valoro mucho tú presencia Henry.

Mientra servía el whisky, repentinamente sintió que por detrás la caricia suave de Henry que bajaba por su costado, Alexander sonrojado se daba vueltas mientras que Henry acariciaba su bello rostro y sin lidiar palabras, mirándole fijamente en los ojos

—Perdóname Alexander pero ya no lo puedo aguantar, tengo que hacerlo

Alexander cogiéndole de sus grandes manos presionando su pecho por el suyo se rendía fundiendose en un beso muy apasionado, la noche y la fuerte lluvia se asían interminables, eran los espectadores de un acto sexual apasionado, aquellos dos cuerpos desnudos uno muy fuerte, el otro casi perfecto se volvían uno, las velas se acababan y el acto sexual seguía hasta el desgaste, seguían los besos las caricias, Alexander después de haber pasado una decepción se entregaba sin reservas a su nueva conquista, pero había algo que rompía la magia del momento, era la botella de wisky que terminaba con el mismo acto sexual, mientras que el vaso de wisky se mantenía, la pasión y el acto sexual eran interminables, pero cuándo el último vaso fue bebido por Henry, entre besos y muy sonriente se quedaba dormido bajo la mirada tierna de Alexander.

Antoni

Pasaron las semanas y Antoni una vez solucionado toda la parte de funerales y protocolos del terrible accidente, terminaba de indemnizarle con un cheque millonario a la viuda del hombre víctima del accidente de su padre y con el transcurrir de las horas pedía una reunión a todos los agentes de las empresas de su padre.

Al dar término la esperada reunión, Antoni pasaba a heredar una inmensa fortuna de la que solamente una parte él estaba al tanto de su existencia, yates, cadenas de hoteles, almacenes gigantescos, astilleros acciones millonarias en banca, Antoni se volvía inmensamente rico, en principio todo lo heredado lo tendría que manejar y para esta situación tenía que tomar la decisión de cambiar toda su vida.

Al principio pidió a sus dos compañeros de trabajo de una de sus fábricas que le ayuden para el manejo de sus múltiples empresas, ellos eran los únicos de confianza entre los qué les rodeaban, también ofreció trabajo a los amigos de los hijos de estos amigos, los cuáles eran estudiantes univercitarios informáticos y administrativos controlados y acompañados de sus fieles administradores antiguos, funcionarios de su padre.

Pasaron los meses y Antoni ya se encontraba inmerso en todas sus herencias, sus acciones y riquezas crecían de forma continúa sin incidencias.

Pasaron los años, un día sentado en una de sus oficinas mirando el mar desde los gigantescos ventanales, observó en el cristal su rostro distorsionado y sintiendo una corriente de aire frío, hablando murmurando se preguntaba

—¿Por qué me encuentro solo? Nunca fue culpable mi padre del alejamiento que hubo entre los dos, fuimos muy similares, pero su terquedad, su falta de humildad y su prepotencia desmedida, así como su frialdad calculadora de tratar todo sin sentimiento nunca lo acepté.

Mirando al perro que siempre su padre llevaba a su lado, quien lo miraba en su monólogos, él perro se llamaba Charly el llevaba siempre una pajarita como un ejecutivo más, hasta corría rumores que el padre se había convertido en aquel perro. El acariciando la cabeza del perro le decía.

—¿Qué te parecería amigo si buscamos a alguien para no estar en esta monotonía?

El perro como contestando pegaba dos ladridos que hacía eco en todo el edificio. Antoni sorprendido respondía.

—Ya lo sé no te dejaría a un lado, no seas egoísta.

El perro como entendiendo dirigía su mirada a la revista que se encontraba en el escritorio de Antoni

—Ja, ja, ja eres muy listo Charly, y ¡Por que no!

Cogió la revista y ojeo en el estaban muchas fotos de mujeres modelos,

Charly miraba con él y preguntándole

—¿Qué té parecen Charly ?

El can no aceptaba a nadie de ellas, de esa manera Antoni comenzaba con algo nuevo en su vida a buscar alguien para su compañía y para lo cuál vivía algunos tórridos romances.

Su primera cita una deslumbrante mujer, hija de un poderoso industrial, quien se encontraba en la misma situación, con necesidad de encontrar a alguien que le acompañase en el difícil camino de la vida, el concepto de vida era muy particularmente especial de esta mujer, y en sus primeros momentos desde la primera cita ella demostraba sus formas, pasado los meses su intensidad carácter y temperamento no daban buenas perspectivas a Antoni.

Antoni acostumbrado a sus días y sus momentos particulares se encontraba como acosado en cada momento por el control que ejercía asía él la mujer, eran muy desmedidos sobre todo con el teléfono y las llamadas de atención ya se hacían tóxicos, esto pasaba factura en negativo para Antoni y sus pretensiones de hacer pareja dejaban de ser importantes al ver la actitud de su nueva conquista.

Esta mujer al ver tal comportamiento de Antoni, teniendo mucha experiencia en el tema amoroso, no se hizo esperar, automáticamente dio un plantón mientras este estaba de viaje al extranjero por asuntos de negocio.

Cuándo Antoni trataba de contactar con ella, la mujer se hacía negar hasta llegar y encontrar una carta dónde decía que no le interesaba seguir su relación con él.

Vaya mal trago para Antoni, el estaba deseoso de pasar con ella unos días y hablarle de su carácter si podría ser más flexible y de estar juntos alguna vez, ni se imaginaba lo que iba a encontrar a su regreso, llegado al aeropuerto y después de haber intentado tres días comunicarse con ella, al ver que no recibía respuesta después de recibir aquella nota y ver y que su insistencia no lo conducía a ninguna parte, dejó de buscarla hasta que pasado unos días se le ocurrió llamarla, contestaba su secretaría, Antoni preguntaba por ella, la mujer respondía que ella había sido invitada por un amigo para ir de vacaciones al caribe, sin emitir palabra alguna dándole las gracias colgaba la llamada y sonriente pensaba en su bello perro, su único fiel amigo, entre susurros y un profundo suspiro comentaba

—Cuánto más conozco al ser humano más quiero a mi viejo perro, era su único consuelo, riéndose a carcajadas pensaba en comprar una perra para la compañía de su viejo can.

Alexander

Alexander ya estaba en camino a una nueva aventura, sus mañanas eran agotadoras por el acto sexual el tabaco y las botellas de wisky que dejaban terribles resacas en su cuerpo, él se encontraba alejado de su arte, un día bajándose a su amplio estudio y taller recorría muy concentrado entre sus lienzos y esculturas.

Remangándose la ropa decidió poner orden a su sitio favorito, pasaron las horas y entre el disco romántico que sonaba y sus movimientos sensuales limpiando y observando algunos lienzos no terminados, en su mente se repetían los colores y las formas para terminar sus pinturas, el echaba rienda suelta a su imaginación, hasta que su momento era interrumpido por el fuerte golpe de la puerta, que se abría violentamente.

Alexander subiéndo muy rápidamente se disponía a ver que sucedía, era Henri muy ebrio gritando su nombre

—"Alexander"

—¿ Donde te has metido?

Él sin entender que pasaba, subía asustado hasta encontrase con Henri, quien lo cogía con sus fuertes manos preguntándole

—¿Por qué no hay wisky? ¿Qué has hecho con las botellas? Alexander sorprendido por su comportamiento lo desconocía y reaccionaba cogiéndole de su mano muy fuertemente y apartandolo con voz firme le pedía

—Suéltame Henry, me estás haciendo daño.

Sacudiéndose retiraba con fuerza las manos de Henry quien se abalanzaba gritándole.

—Te mostraré maricón de mierda quien es el que manda, no te opongas porque menos será el dolor si te entregas.

Alexander retirándose de él y apartando sus cuadros a un lado comentaba.

—No sigas porque no me gustaría hacerte daño Henry.

Henry sin medir las consecuencias se abalanzaba de nuevo sobre Alexander sin saber ni enterarse que le estaba esperando una violenta reacción con un sin fin de golpes y una violenta patada en el pecho que le dejaba tendido en el suelo, mientras Henry se lamentaba oía los reproches de Alexander que acercando su rostro le gritaba.

—Pues recibe esto del maricón de mierda, creo que esto será tu despedida por que no te perdonaré lo que has hecho.

Cuándo apenas Alexander daba vueltas para ponerse de pie, Henry lo cogía de las piernas y lo tiraba al suelo golpeándose la cabeza y quedándose desbanecido, pasaron unas horas y al recuperarse del golpe, se encontró atado de pies y manos, muy adolorido veía las huellas del abuso de Henry, quién dandole un puntapies en el hombro le preguntaba

—¿Dónde están las botellas de wisky?

Alexander mirándolo le indicó donde estaban las botellas, cuando Henry encontraba las botellas empezaba a beber con desenfreno, hasta quedarse totalmente sin equilibrio y después de gritar y denigrar a Alexander por haber ocultado las botellas de wisky, pasaron los minutos y Henry entre lágrimas pedía perdón, bebiendo otra botella, Alexander sin reprocharlo le pedía que lo suelte, el así lo hacía, una vez suelto Henry se quedaba totalmente desvanecido por el exeso de alcohol, Alexander le preguntaba por qué había cometido semejante aberración con él, sus unicas palabras fue perdoname por no aceptar lo que soy, mi verdad no lo puedo afrontar.

Pasaron las primeras horas y Alexander muy triste entre lagrimas tomaba la decisión final de alejarse de él y no denunciarle, luego lo arrastró y lo llevó en la misma camioneta de Henry para dejarlo a proximidades de su rancho en las afueras de la ciudad de dónde provenía.

Henry se despertaba pero su resaca era tanta y al ver que Alexander se alejaba, gritándole palabras groseras arrojaba piedras, Alexander muy deprisa, corriendo sin mirar atrás se alejaba hasta llegar a proximidades de la carretera principal, dónde cogía un taxi para luego dirigirse a su casa.

Transcurrieron los días, las semanas y Alexander negandose de ver a Henry, apartandosé de todo, hundido en una terrible depresión, no contestaba el teléfono, no salía de la casa, pasaron así las dos primeras semanas encontrándose en una nueva decepción, iba a casa de una amiga Magua a pasar los días, esta lo invitaba a su lugar preferido de tragos, el lugar era de ambiente gay, el como siempre muy bien parecido despertaba la atención de todas las personas del entorno, a pesar de todo se sentía muy incómodo en aquel lugar.

Su belleza física extrema era igual que su belleza interna, pero su entrega en su sentimiento y su sensibilidad no le permitía llevar un limite en sus desiciones sentimentales.

Antoni

Después ver el herror en su entrega personal, decidió y dar término a la relación y no insistir más en buscar a nadie, él se llamaba a si mismo la atención por estar distraído y pensativo, además que en sus desiciones era muy frío, su endereza era lo que caracterizaba en su personalidad, muy serrado en si mismo y poco sociable.

No tardo en cambiar su actitud, su decepción lo tomaba nada más como un romance fallido y decidió dedicarse a sus empresas y hacer deporte.

Pasaron los meses y en una de esas tardes sucedió sin querer ni esperarlo, estando en el club dónde terminaba de hacer deporte, recostado en una tumbona muy relajadamente se disponía a leer un libro, mientras que por la parte de atrás donde él se encontraba, una mujer muy distraída pasaba con un hermoso can. Él bello animal hizo fiesta a Antoni irrumpiendo su descanso saltando en su costado compartiendo su tumbona, Antoni no perdió tiempo al ver que la mujer llamaba la atención a su perro y entre carcajadas, viendo a la mujer lo atractiva que era sé dirigía a ella.

—Perdón no le regañe, soy más atractivo para los animales que para las personas, aunque abecés es mejor el cariño de un perro que la falsedad y la pretensión de los seres humanos.

La mujer levantando sus gafas muy impresionada por el comentario de Antoni, respondía.

—Vaya situación perdóneme señor por lo del perro, no fue mi intención molestarle, con respecto a su comentario, me parece muy fuerte aunque lo mismo pienso yo, las coincidencias abeces tienen una misma razón.

El poniéndose de pie

—Pues mujer no ha pasado nada, me gustaría si puede y tiene tiempo me aceptes una invitación, lo que a usted le apetezca beber, aparte de eso creo que mi nuevo amigo está más que contento por la invitación.

Acariciando al perro, él no perdía su tiempo.

Así paso la tarde y Antoni ya estaba con una atractiva mujer quedando para un encuentro que prometía un principio para él. Llegaba la noche y con ella la mujer con un aire místico se presentaba al encuentro, en uno de los mejores restaurantes de la ciudad, con un ambiente muy íntimo que habría las posibilidades de algo más que una cena romántica, al terminar la noche siguieron en una de las casas de Antoni, donde la mujer paso el día siguiente vestida con una de las camisas de Antoni, con la atención de una de las encargadas nombrada por Antoni.

Al regreso, la mujer la estaba esperando, sorprendido le preguntaba.

—¿Pero mujer no te has ido me sigues esperando aún? La mujer sonriente le contestaba

—Es que iré a Italia por asuntos de negocios y quiero que sepas que estoy más que contenta por haberte conocido, espero no te molestes por el atrevimiento de haberme quedado.

Sin dejar mostraba una suave risa de galán muy romántico y acariciándola respondía.

—Pierde cuidado mujer espero te sigas quedando, por mi encantado y es más si quieres te veo una de mis casas en Italia, para que te hospedes en ella mientras duren tus negocios, sí me prometes que estarás en ocho días por aquí.

Ella jugando con el albornoz que llevaba se apoyaba en una de las sillas provocándole sexualmente y despojándose de su ropa cogía de la corbata a Antoni y lo llevaba al dormitorio pidiéndole con la mirada que la siga, que claro el otro no perdía su tiempo con mucha prisa se quitaba las ropas siguiéndole el juego y así pasaban la noche con sexo champán y mucha pasión.

Llegaba la mañana y muy ilusionado por su nueva conquista pasó unas semanas dedicado a Margaret quien ocupaba su mayor tiempo y atención, llegaba el día de su viaje ya previsto, de esa manera daban un paréntesis a su relación.

Sucedía algo raro mientras Margaret se encontraba metida en el yacusi muy relajada pensando en su viaje a Italia, mientras que Antoni encontraba su bello teléfono móvil y muy curioso al oír el sonido del vibrar del pequeño aparato, se le ocurrió contestarlo de forma atrevida y ver de quien se trataba, para descubrir que una mujer se dirigía a Margaret de forma irónica tratándola como una amante. Antoni colgaba suspirando y murmurando decía

—¿Qué es esto? Vaya curiosidad la mía.

Y sonriendo dejaba el teléfono móvil tirado en la cama para tomarse una ducha y muy despreocupadamente dejar la casa.

Alexander

Ya en aquel sitio muy distraído en las penumbras de las luces de colores que rodeaba aquel ambiente, seguía con sus tragos y guiado por algún bajo instinto no dejaba de observar a uno en especial que llamaba su atención, él hombre sonreía y flirteando lo invitaba al cuarto oscuro con señas, Alexander lo seguía y ya dentro del cuarto sucedía el encuentro, el ambiente toxico y vicioso se adueñaba de ellos y entre humo y penumbras los bajos instintos jugaban con un erotismo vulgar, teniendo como cómplices a las botellas de licores deambulando de boca en boca, hasta llegar la mañana y todos los protagonistas se retiraban a sus respectivos destinos. Alexander cansado y con una resaca demás se arrepentía de lo que había pasado, pero muy sonriente con una enorme taza de café, no paraba de reir y su amiga recostada en el sofá preguntaba

—¿Por qué tanta risa?

Él mirándola contestaba

—Porque nada ni nadie vale un céntimo, mira todo lo que he pasado, espero que mi vida homosexual no termine como solitario dándole la razón a todos esos mediocres homófobos, por ahora me daré un tiempo, lo siento Magua por no poder acompañarte en niguna de tus salidas, dedicaré más tiempo a trabajar y juntar dinero para comprar materiales, los necesito para mis pinturas y esculturas.

Magua era una de las mejores amigas de Alexander quien estaba a su lado incondicionalmente en las buenas y malas, que para su suerte también era homosexual.

Así, Alexander pasaba sus días trabajando sin dar pausa a tu talento, pasaron los meses cansado y melancólico cogió al can y decidió caminar muy relajadamente por una gran plaza, donde se cruza con un hombre muy bien parecido, quien se acercaba preguntándole la hora, sin dar mucha atención le daba la hora, el hombre agradeciéndolo seguía su marcha.

Alexander se encontraba muy ajeno a todo su entorno, en su mente lo único que giraban eran los bocetos que lo plasmaba en óleo, así transcurrían sus días y todas las tardes iba con el perro a caminar y relajarse en aquella plaza, pero sucedía que siempre coincidía con aquel hombre que lo saludaba, hasta que un día antes de salir a caminar Alexander acariciando al can, le hablaba

—Hoy hablaré a nuestro amigo de la tardes haber de que se trata su persona

Antoni

Estando en su oficina pensaba en todos esos días que había pasado con su enamorada

con mucha pasión, y en todas las noches que Margared le ofrecía toda su atención y cariño, Antoni la tenía en de mente y hablando a su viejo perro Charly

—Y si ella fuese lo que necesito para mi vida, podría ser bueno tener a alguien para acompañarme, en todo.

El perro dándole ladridos, le daba la espalda desaprobando su opinión.

—Ja ja ja, pero hoye no te dejaré de lado Charly estarás siempre a mi lado viejo amigo.

Luego le echaba una mirada a su agenda y viendo el número de

Margaret, lo llamaba, cuál fue su sorpresa cuándo contestaba el teléfono otra persona, era la misma voz de la mujer con voz que dejaba mensajes a Margaret, por su voz muy ronca el lo reconocía

—¿Quién pregunta? ¿En que le podría ayudar?

Anthony muy sorprendido preguntaba

—¿Y Margaret? ¿Me podría pasar con ella? La mujer con tono irónico y con un cierto sarcasmo en su hablar le respondía.

—En este momento Margaret se encuentra dándose un baño.

Antoni sorprendido respondía

—Dígale que Antoni le ha llamado.

Pasaron las horas y sonaba el teléfono de Antoni, era Margaret quien le comentaba que no iba a llegar esa semana por que había un negocio que concretar, Antoni la escuchaba aprobando su ausencia y daba por terminado la llamada despidiéndose y deseándole suerte.

Pasaron los días Antoni sumergido entre negocios le llegaba la noticia de un contrato culminado con sierre millonario en positivo, lo primero que se le ocurrió es pedir a uno de sus agentes que le compre pasajes para viajar a Italia para así darle una sorpresa a Margaret, la necesidad de Antoni de tener a alguien segaba su conducta, no contento de forma muy apresurada y delirante como si fuese su última carta para estar acompañado con alguien, pedía a una de las casas más importantes de unas de la cadena de joyerías que le traigan un catálogo de anillos de compromiso, una vez llegado el catálogo, el pidió a una de sus secretarías más antiguas que elija el anillo, terminado toda la movida apresurada, Antoni viajaba esa misma noche.

Alexander

El pensaba que se estaba precipitando por su necesidad de tener a una compañero, con quién estar y compartir su vida y dejar aparcado sus decepciones, intentar de nuevo darce una oportunidad y decidía hacercarse a él "hombre de las tardes" era como lo llamaba, cuando se disponía en salir y buscar el encuentro sucedía algo inesperado, el amigo de las tardes estaba esperándolo por el camino, Alexander sonriente lo saludaba, él hombre de nombre Cristopher quién se dirigía a él pidiéndole permiso para acompañarlo, aceptándolo Alexander se sorprendía por la coincidencia, él joven apuesto era muy abierto y curioso, quién le preguntaba

—Perdone usted, soy una persona muy introvertida pero muy discreta, siempre le veo caminar con su bello perro por las tardes en la plazoleta.

Alexander respondía

—¿Y usted a que se dedica?

—Yo en este momento a cuidar mi cuerpo, a ponerme a tono por que me he descuidado bastante aunque mi profeción es de serrajero y soldador ¿Y tú?

—Yo hago lo que se puede para vivir el día a día, claro lo más importante es mi perro.

Él mirándolo comentaba

—Po lo que veo a ti no te va mal, perdona ¿Cómo habías dicho que es su nombre?

—Me llamo Alexander y jamás te he dicho mi nombre.

—Perdona es que soy una persona muy solitaria y abecés me pasa esto cuando me siento muy eufórico, hablo demás y pregunto demás.

—No pasa nada Cristopher, tú si me habías dicho tu nombre, fue lo primero que ha salido de ti.

—Pues entonces continuemos conociéndonos, porque me gustaría conocerte Alexander.

—Pues de mi parte lo que tú quieras.

—¡Sí! ¿Me lo dices enserio?

—Pues si hombre

—Entonces me gustaría saber donde vives

—Pues creo que ya sabes en donde vivo

—Sí, pero me entra una curiosidad, siempre estas cargando con cajas y por tus manos manchadas creo que imagino a que te dedicas

—Si, así es a pintar.

—¿Y qué más quieres saber Cristopher?

—Me gustaría ver lo que haces

—Pues como veras no hay ningún problema de mi parte, que te parece si vamos ahora.

—Claro será mejor ahora.

Ellos fueron a casa de Alexander, más que la curiosidad había algo raro que predominaba en Cristopher y Alexander lo sentía, relucía un cierto aire de chulería en su conducta. Alexander sumiso por mera curiosidad seguía el juego de su nueva conquista, hasta que surgió lo esperado cuando sintió la mano de Cristopher quien de forma lenta lo cogía de la cintura en plena calle diciéndole.

—Más por esto es que quería ir a tu casa Alexander, me has gustado desde el primer momento que te vi.

En principio no gustó a Alenxander lo lanzado que se mostraba Cristopher y siguiendo atento detubo sus manos y pedía mas discreción por los vecinos que siempre se encontraban husmeando , para luego dirigirse a la casa donde las caricias y la pasión decenfrenada siguiron sus pasos hasta llegar al final.

Llegó la noche y aparte de la curiosidad saciada por Alexander y su necesidad de estar con alguien imperaba en su mente, él rescatava la parte tierna de todo lo acontecido y se reprochaba a sí mismo su parte negativa eran por las malas experiencias vivida, de esa forma pasaron las horas y con él llegaba la madrugada, Alexander entregado a su arte seguía creando una inmensa obra la cuál jamás llegaba a su fin, él no encontraba dar el toque final que buscaba.

Así pasaron los días y los encuentros con Cristopher se volvían frecuentes, hasta que en una noche su nuevo amigo le prometía una cena romántica, ambos metidos en la cocina muy cariñosos entre beber un buen vino traído por el anfitrión y terminado la cena, Alexander como muy cansado y muy lánguido pedía a Cristopher meterse en la cama hasta quedarse dormido entre mimos y caricias, mientras esto ocurría sorpresivamente Cristopher moviéndolo a un costado se ponía de pie para coger su teléfono y enviar un mensaje de luz verde a sus complices para dejarlos pasar, una vez estando dentro vaciaron el depósito de Alexander llevándose consigo todas las pinturas y esculturas, mientras Alexander seguía sedado inconsciente por el efecto de los somníferos.

Antoni

Ya preparado para el viaje a Italia los nervios lo impacientaban, su temor era que iba muy deprisa, poniéndose elegante y mirándose en el espejo se hablaba a si mismo

—Bueno no tienes nada que perder amigo sigue adelante

Y así siguió con su viaje, vistió su mejor traje y su mejor perfume y fue a dar la sorpresa a Margaret.

Apenas llegaba a su destino al saber que Margaret había canviado de residencia pidió a una de las azafatas que llamase al número de Margaret poniéndole como excusa que había una encomienda para ella, Margaret daba la dirección de su nueva residencia. Antoni agradeciéndole a la azafata quién sonriente recibía un buen detalle monetario, de esa forma él se encaminó al encuentro de su futura prometida, los nervios hacían de Antoni una persona muy torpe, pedía al chófer consejo para la proposición y la entrega de anillo a su prometida, el hombre lo hacía a su manera, así llegaban al sitio pidiéndole que no le deje, que espere hasta el final, el como soldado no se movía del sitio.

Antoni por un teléfonillo del portal se anunciaba, una mujer de color lo recibía preguntándole quien era

—Perdone usted podría ayudarme, es que soy un amigo de Margaret y me gustaría darle una sorpresa, mi sorpresa sería llegar junto a ella sin que se entere.

La mujer al ver que era una persona muy elegante respondía en un tono cubano

—Óigame señor esto me podría costar el puesto, por que para mi jefa su intimidad es sagrada

Antoni muy atento respondía:

—Pero mujer de eso usted no se preocupe, jamás sucedería dicha tragedia pero mire, yo le daré mi palabra que ante cualquier eventualidad yo me haré responsable, mire le doy este reloj como garantía que costaría todo su sueldo de por vida.

Después de esto la mujer de nombre juanita dejaba pasar a Antoni quién suavemente entraba a la casa, el lugar estaba impregnado de aromas de incienso, al escuchar las carcajadas que provenían de la segunda planta, Antoni se quitaba los zapatos y subía despacio la escalera hasta llegar al dormitorio, en una de sus manos el anillo de diamantes y en el otro un ramo de orquídeas, el golpeando la puerta, a la cuál la dueña de casa respondía.

—Juanita no molestes.

Antoni sin más habría muy despacito la puerta, para ver a su futura prometida en pleno acto sexual con su amiga, él sin hacer ningún tipo de drama, volvía muy rápidamente dejando la botella de champán y las flores a juanita cogiéndo su reloj y poniéndose el anillo por su propio dedo meñique sonriente y agradeciendo a Juanita le daba un cheque con una buena suma de dinero, pedía a Juanita que lo acompañe y despidiéndose de ella le agradecía por la atención y agregando a eso

—Lo que usted ha hecho me ha salvado de un negro futuro, tome mi número llámeme ante cualquier eventualidad que suceda, Adiós Juanita y gracias millones de gracias.

Juanita al ver lo que acontecía cogió la botella y yendo detrás de Antoni pidió que llevase el champan y de forma muy grotesca el chófer lo acomodaba por encima de sus partes, en su partida con risas Juanita comentaba, señor las flores las guardo en mi cuarto para no tener problemas con mi jefa, les llevaré de ofrenda a mi milagrosa Vírgen, y rogare por usted que encuentre lo que busca y lo siento mucho.

Alexander

Transcurrieron las horas y cuando Alexander se recuperaba del efecto de aquel terrible somnífero, totalmente lánguido, tomando fuerzas se dirigió al cuarto de baño para mojarse el rostro, una vez mojado observó que las paredes no llevaban ninguna de sus obras, esta sorpresa le despertaba, luego de forma rápida se dirigió al taller donde encontró solamente los trípodes. Cristopher se había llevado todo, él muy lloroso no lo podía creer y desesperado pidiendo auxilio a un vecino , quien muy rápidamente llamaba a la policía, quienes al escuchar la denuncia respondían que acababan de coger a dos hombres con intenciones de vender unas piezas de arte en una casa de antigüedades, Alexander acudía en el sitio dónde se encontraban todas sus pinturas, muy serio reconocía una a una, y para su sorpresa en el lugar se encontraba una amiga, quien conocía de sus obras, gracias a ella estos malhechores fueron detenidos, aunque el mal rato para Alexander fue muy fuerte, hubo algo positivo después de todo lo pasado la dueña de la tienda muy interesada en sus obras pidió sus datos para contactar con él, una vez reconocido, el hombre de nombre Cristopher fue detenido y llevado a prisión, la terrible y mala experiencia de Alexander lo dejaba con ningunas ganas de seguir con nada, a él le había quedado el mal sabor de la decepción sentimental de forma muy repetitiva y brusca todo por la necesidad de estar con alguien sentimentalmente.

Después de lo ocurrido por recomendación de su excompañero de universidad sus días lo pasaba encerrado con un profesor de artes marciales, quién le impartía largas seciones de tácticas de peleas, esto le hacía sentir mejor aparte de dedicarle a sus pinturas, sus esculturas, sus abuelos y su perro.

Él trabajaba en la universidad vendiendo algunos de sus pequeñas pinturas, para lo cuál tenía el permiso de los profesores para vender su arte que eran muy especiales y los vendía exitosamente. También limpiba los jardines de sus vecinos, así se ganaba él dinero para sus materiales y su día a día.

Antoni

El envuelto en un aire de decepción y a la vez con un terrible ataque de risa, habría la botella de champán y pedía al chófer que lo lleve al mejor hotel de la ciudad donde bebió hasta quedarse dormido, por la mañana el servicio de cuarto tocaba la puerta, al no contestar, el muchacho de movimientos afeminados trayendo las llaves de duplicado abría la puerta para encontrar a Antoni totalmente desnudo tirado en la puerta del cuarto de servicios bañado en vómito, él ayudándolo lo ponía de pie y Antoni sin más se dejaba llevar, el joven muy fuerte, lo llevaba a la tina de baño y lo bañaba hasta verle recuperado, Antoni al ver que era un muchacho amanerado le preguntaba.

—¿Y tú que haces amiguete dándome una ducha? te lo agradezco pero deja ya de refregar esa zona ya lo fregare yo, espérame ya saldré no te vayas.

El al salir le pedía un fuerte café largo, Antoni acostumbrado a estar desnudo entre sus amigos le daba absolutamente igual la presencia de aquel muchacho, mientras que al otro se ponía nervioso y muy ilucionado iba abuscar el café, Antoni se sentaba y le comentaba todo lo sucedido, él muchacho preguntaba interrumpiendo

—Señor ¿Porqué me está contando ésto?

Antoni le respondía:

—Pero que pregunta haces muchacho, si hace un rato antes del llanto me estabas fregando mis partes ja ja ja, deja de llorar. Antes que nada ¿Cómo te llamas, cuál es tú nombre?

El muchacho se sentía muy mal, Antoni admirado por la reacción del muchacho, quien se encontraba con lágrimas en los ojos, al darse cuenta que estaba desnudo se dirigió asía sus ropas y se vistió muy deprisa, para luego acercarse a él y cogiéndole del rostro le preguntaba

—¿Y su nombre? El mirándolo le respondía

—Marcos.

—Okey Marcos, dime cuánto sería la paga que percibes aquí por tu trabajo.

El muchacho muy superado por la situación le respondía.

—Perdone señor yo no soy prostituto, Antoni muerto de risa lo levanta y lo mira

—¡Muchacho! No busco pagar nada raro de ti, simplemente contésteme

—Señor gano el mínimo de sueldo

—Muy bien y que te parecería trabajar para mí, ve a preparar tus cosas Marcos, te llevaré para que seas mi caballero de compañía y te pagaré el doble, el muchacho sin saber que decir lo miraba y le agradecía de rodillas, cuando vió su acto, tomándole del brazo lo levantó y con una sonrisa y un beso en la frente le pidió que nunca más vuelva a cometer semejante acto.

—No mejor será pagarte por triplicado, tu inocencia vale mucho mas que dos sueldos, ha, ha ha, pero antes me ayudarás a coger todo lo mío ¿Tienes familia aquí?

El muchaco mirándolo le decía:

—Solamente mi padre que no sé nada de él desde que descubrió mi preferencia sexual

—No te preocupes de nada, ya tienes un nuevo padre muchacho, serás como mi criado, en este tiempo en que vivimos a quien le importa la vida sexual ni sentimental de nadie. Vamos date prisa, que gracias a ti todo será más fácil para mis días, de hoy en más con tu presencia estaré más distraído.

—Si señor espero corresponderle en todo.

La frialdad en las desiciones de Antoni en cualquiera de las situaciones eran favorables para si mismo, gracias a esta forma de ver y tomar la vida, hacían que Antoni aliviase en parte la decepciones que iba dejando atrás y con Marcos su nuevo criado se sentía mejor.

—Muy bien, muy bien pero no te hagas ilusiones con mi persona, simplemente te veré como un familiar, avísale a tu jefe que voy detrás de ti,

—Él no está señor.

—Que no pasa nada, ve y coge mi maletín mi tapado y ya nos vamos, ya lo llamaras y le comunicaras tú decisión. Por cierto, paga al recepcionista y déjale una propina con esta tarjeta ya bajaré a firmar el pago.

—Muy bien señor.

—Y deja de decirme señor

—Muy bien señor

—¡Vaya tonto!

Y así se marcharon.

Alexander

Muy dedicado a su arte y agotado de sus prácticas de arte marcial, un día amanecía melancólico, sumido a un estado mental depresivo, en donde el "no" era su mejor aliado, cogiendo una botella de wisky se miraba en el espejo y hablándole a una escultura que se encontraba en una esquina le decía.

—Todo mi entorno murmura lo atractivo y bello de mi aspecto, muchos pretenden tener algo conmigo, sin embargo me he dado cuenta que solo me tengo a mi mismo, beberé toda esta botella por ser el cabrón con peor mala suerte en el sentimiento y en mi vida.

Bebió casi media botella de wisky, para luego de un buen rato estando tirado entre unas cajas terminaba de beber hasta la última gota de lo que quedaba del wisky quedándose acurrucado en la escalera observando un boceto, hasta que de forma repentina como poseído se dirigía asía una antigua caja de música para poner a todo volumen su viejos temas retrospectivos y comenzaba a jugar con todas sus obras, simulando un baile erótico comenzaba a desnudarce, una vez desnudo muy sonriente se miraba en el espejo y se hablaba a si mismo

—Harás el retrato de tu alma caída y lo harás en tres partes y la convertirás en las más preciadas entre todas y así extendía los lienzos en toda la parte abierta del salón y preparando las latas de óleo, el efecto del alcohol pasaba factura y muy ebrio comenzaba a untarse todo el cuerpo en oleo, para luego comenzar su obra, sus pinceles no permitían detenerse y seguía al ritmo de la música retrospectiva dándole rienda suelta a toda su expresión artística, sus movimientos eróticos parecían estar en un acto sexual, hasta quedarse rendido por el cansancio tendido en el centro del lienzo dormido y enroscado.

Pasaron las horas, al despertarse se encontraba bañado en pintura y mirando el resultado de su inspiración, entre lágrimas desde el centro marcaba sus huellas pegadizas y entre llanto y risas llevaba un bidón de disolvente suave, para cargarlo en una bañera con mucha agua caliente. Mientras esto ocurría sonaba el timbre de la casa, él sin ganas salía empapado en pintura y abría la puerta sin importarle quién podría ser. Para su suerte era su amiga Magua que llegaba de un viaje con equipaje a cuesta, ella sorprendida asustada preguntaba.

—¿Pero que te ha pasado Alexander que haces desnudo?

El de forma irónica respondía

—A mi nada cariño solo estaba divagando, deja tu maleta y mira lo que me ha salido.

Magua bajaba al sótano y observaba lo que Alexander había logrado en un estado critico depresivo bajo los efectos del alcohol.

—¡Por Dios que bello Alexander! ¿Y cómo lo has hecho?

—Te lo comentaré después de quitarme todo estos restos de pintura que siguen en todo mi cuerpo y tú me ayudarás.

Magua lo ayudaba mientras que Alexander le comentaba todo lo sucedido, ella terminaba de limpiarlo y le pedía ya retirarse del agua porque su piel estaba toda irritada de tanto fregarlo.

Alexander abrazaba a su amiga y entre llantos se retorcia, estaba muy mal emocionalmente, por todo lo que le había pasado, su amargura y decepción era tanta que decidió alejarse de la sociedad, él se encontraba encerrado consigo mismo, al igual que su amiga Magua, llevaba la decepción en el alma, por todos los desamores acumulados, así la noche llegaba a su final y los dos juntos enroscados en la alfombra terminaban sus confidencias más unidos que nunca.

La mañana con un sol radiante se manifestaba y Magua habría las pequeñas ventanillas por donde entraban la luz que reflejaban el rostro de Alexander despertandolo, quien molesto le arrojaba una pequeña almohadilla.

—Pero que haces tonta que me muero de sueño.

—Vamos perezoso que estoy al tanto de todo lo ocurrido, en este momento me he puesto en contacto con un agente de arte es amiga de la mujer de la galería, ¿Que ha pasado Alexander ? Esta mujer me ha dicho que te pidió tú número de contacto y te ha llamado toda esta semana y no le has contestado.

—¡Vaya ni me he enterado, estaba perdido con una confusión y lo peor con una incredulidad! Le habré dado entre los agentes de policía y con los nervios se me había olvidado que mi teléfono también lo habían robado

—Alexander te acuerdas de la persona que había denunciado las pintura robadas de tú taller, hace barios pares de meses me he hecho muy amiga suya, quién me ha presentado una amiga muy interesante. Vamos cabroncete espero se porte y haga algo de este talento que llevas, que para mí es alucinante.

Antoni

Una vez en el aeropuerto sentados en una cafetería, Antoni muy pensativo con toda aquella imagen de Margaret en aquél acto sexual, mordiéndose los labios daba puntapié a una pequeña maleta que estaba cerca de él, su nuevo pupilo cogiéndole del brazo reclamaba

—Por favor señor Antoni se hará daño ¿Qué le pasa? Espere le traeré un poco de agua que le hará bien.

—Si mejor traeme una botella de vino para ver si puedo asimilar esta situación, me ha dado un golpe bajo tenía mucha expectativa por esta mujer, era lo que más coincidía con mi persona pero como me encuentro ajeno a estas movidas no tenía ni la menor idea de esto que me ha sucedido, como me encuentro ajeno avuestro sentimiento, aunque hubo indicio en una llamada y no lo pude intuir, esto me ha pasado por la necesidad que llevo en mi soledad, ahora tráeme lo que te he pedido por favor Marcos.

Marcos muy servicial fue a traer la botella con una pequeña champañera cargado de hielo, la camarera de aquel restaurante muy sonriente y con cara de complicidad seguía los pasos de Marcos, al ver toda la movida, Antoni se reía diciéndole.

—No me he equivocado, serás mi mejor compañero, aparte de mi viejo can Charly.

Y así fueron camino al embarque, hasta llegar a su destino muy ebrio, él alcohol era un refugió de consuelo en cada botella que bebía.

Una vez llegados a una flamante mansión Antoni pedía a Marcos que se acomode en el cuarto de huésped. Acomodado sin dejar de controlar a su nuevo jefe, observándolo le quitaba los zapatos, Marcos no podía creer que se encontraba con una persona poderosa economicamente.

Antoni muy ebrio fulminado por el efecto del mal rato pasado se acurrucaba en el gran living blanco, Marcos le arropaba con una manta que le traía de su mismo cuarto, para luego acomodarse en la alfombra. Pasaban las horas y llegaba la mañana, Antoni despertándose encontraba a Marcos durmiendo sobre la alfombra, a sus pies, él sin despertarlo se levantaba y preparaba el desayuno para luego despertarlo, Marcos al despertarse de forma tímida

—Perdón señor Antoni por quedarme dormido.

Mirándolo y sacudíendole el rostro le ordenaba

—Dúchate que ya está servido el desayuno, luego nos iremos de compras veremos muchas ropas para ti, después de ducharte avisa al chófer para que nos lleve a los mejores shoppines también haré compras para mi y para Charly mi perro, dedicaré mi tiempo en ti y espero que mis actos no te confundan, de hoy en más serás mi complice y mi compañia. Así terminaron el desayuno y Antoni estaba muy contento con su nueva compañía y servidor Marcos quién siempre se ocupaba de hacerle reir con una personalidad muy sumisa y alegre con una mezcla de su ascendencia Italiano y Filipino en su genética.

Una vez dentro de las tiendas las chicas que hacían de dependienta, murmuraban la compañía de Antoni, porque el muchacho a pesar que tenia un físico fuerte era muy amanerado, para estar en compañía de semejante hombre, en sus chismes se oían

—¿Será gay? con lo guapo que es, seguro lo es ¡Que desperdicio de hombre! Antoni como gran letrado se percataba del chismerío que recorría todas las tiendas en todo el shopping, ante tal expectativa en una de las tiendas cogió una pamela y una boga para luego pagarlo y salir flirteando con Marcos de la mano, apenas salían del shopping vio a una bella mujer que la observaba y pasando la boga a Marcos, se interponía en su camino y mul atrevido saludándola, le besaba la mano y guiñándole un ojo le pedía disculpas y le daba paso para que se suba al ascensor, su actitud lo recibía encantada la mujer, quién simplemente sonreía con mucha simpatía

—Abecés lo que uno ve, no es lo que parece bella dama.

Ella ante tal simpatía se quedaba rendida bajo su encanto. Tras salir de aquel lugar Antoni pedía a Marcos que síga a la mujer.

Al terminar con su mandado llevaba la dirección donde se alojaba, apenas llegaba a manos de Antoni, ya a primeras horas de la mañana en sus pensamientos se repetían aquel acto sexual de Margaret con otra mujer y no se permitia caer de nuevo en un error, se obligaba a si mismo a un ensierro personal diciendoce con murmullos

—Iré despacio jugando y divagando con mis momentos, así tal vez podría encontrar lo que ando buscando, él enviaba unos ramos de orquídeas y rosas y con esto el empesaba un juego personal, escribía una pequeña nota que acompañaba a las flores "Dependerá de que flor elijas para rendirme a tus pies bella mujer" agregándole su número personal.

Pasaron los días y Antoni recibía un correo y se llevaba una sorpresa al habrir el contenido de la pequeña caja era una orquidea, con una nota de respuesta y si fuese otra flor más como el clabel también lo elegiría su número de teléfono y como despedida "No olvidaré jamás tú detalle", esto para Antoni fue brillante, luego pensando en la bella sonrisa de aquella mujer, la llamaba y dejaba un recado a la secretaría que lo atendía , una invitación en uno de los mejores restaurantes de la ciudad.

No tardó en enviar la aceptación de la invitación.

Llegaba la noche y se ponía en marcha el encuentro.

Alexander

La cita con la agente de arte internacional estaba hecha, con un olor arrebatador y asfixiante de disolvente, se disponía a recibir a la muy esperada mujer, bajo el pedido de Magua que este todo listo horas antes de su llegada.

La mujer con un aire de ejecutivo muy puntual llegaba a casa de Alexander, al ver todo el sitio envuelto en manchas de pintura y un orden impecable a la vez el olor a oleo que dejaban perplejo cualquier perfume que se llevase, observaba el aspecto de duende de Alexander y pedía que le mostrase sus pinturas, al ver las pinturas y esculturas la mujer asombrada no serraba la boca, la admiración era tanta que cogía a Alexander de la mano

—¡Dios de dónde has salido! Realmente eres un duende eres mágico observo tus obras, son maravillosas, si me permites seré tú asesora, te are una estrella en pocos días te lo prometo.

Alexander atónito con mucho entusiasmo no paraba de levantar las sabanas viejas que cubrían aquellas obras, mientras la mujer sufría como un delirio de plaser al verlas. Alexander no paraba de mostrar las esculturas y pinturas hasta llegar a una escalera, donde la mujer lo abarazaba muy delicadamente, él lo apartandola le decía

—Espera que mi cofre no está abierto del todo, iré a recibir a Magua que está llegando y te mostraré una sorpresa

Ya Magua acomodada saludaba a la mujer de nombre Carmen para luego dejar a Alexander continuar.

Mira Carmen, las tengo en el pequeño cuarto habían cientos de pinturas metidas en tubos de cristal, la mujer era uno de los críticos más importantes en el círculo artístico internacional, ofrecía a Alexander ser su representante, él lo aceptaba guiada por su amiga Magua.

Al retirarce Carmen y dejar la casa de Alexander Magua fue a buscar una botella de champán de bajo costo y cargando en unos copones con hielo serbia a Alexander, quien sonriente exlamaba

—¡Por el ángel y el duende que de hoy se ha despertado y que me acompañará brindemos! y brindaron, mientras Magua comentaba

—Ahora a remangarse y encuadrar todas las pinturas, yo llevo en mi cartera buen dinero, con ellos compraremos los materiales por que nos espera una interminable racha ya verás espero lo aprovechemos.

Alexander muy eufórico respondía

—Si este mes terminaré las veintiséis pinturas que me quedan por retocar, y buscar las mini obras que habían hecho desde muy niño que son cientos. Así Alexander comenzaba su nueva vida, pasaron las primeras semanas y la amiga de Magua no se despegaba de Alexander, ellos preparaban su presentación en una de las galerías más importante de un país europeo, la cuál se realizaba con uno de los artistas más renombrados, Alexander reunió muchas de sus colecciones más impresionante entre sus obras, todas ellas acumuladas durante toda su vida, eran cientos.

Su primera presentación fue impresionante robando protagonismo al artista questrella que lo acompañaba, ganándose la admiración del mismo, de esa manera habría las puertas del triunfo. Los críticos internacionales hacían acto de presencia en todas su exposiciones dándole sus veredictos de artista revelación, de esta manera Alexander desde sus primera apariciones comenzaba una carrera maratónica marcando una gira internacional desde el mismo momento de presentación aprobechando todo lo acumulado de su arte que lo venía guardando con el correr de los años.

Antoni

El seguía con su nueva conquista, llegaba la hora del encuentro todo estaba preparado acompañado de su pupilo Marcos a quien daba indicaciones

—Cuando yo te haga una señal con el teléfono, tú llegarás con la sorpresa en el restaurante, he hablado con el dueño, he reservado un lugar especial, Marcos miraba con una expresión triste.

—Pero señor Antoni que pasará de mí y Charly, se olvidará de nosotros, abrazándole Antoni le respondía.

—Sería lo último mi fiel amigo y compañero, espero ganar esta partida será mi última carta y si no seré un bohemio errante, pero bueno movámonos que ya es hora.

Una vez llegado Antoni, preparado muy elegantemente se disponía a esperar a su bella dama, ella se presentaba al sitio vestida como una princesa, Antoni muy atento retiraba la silla, ella con una sonrisa deslumbrante exclamaba

—Vaya galán, Antoni sin quitarle el ojo cogiéndola de la mano

—Estas verdaderamente bella, creo que te he encontrado a tiempo quiero que sepas que esto no lo esperaba, espero esto sea el principio de algo duradero

Ella retirando su mano de forma muy suave sonriente respondía a Antoni

—Será muy despacio Antoni, me da mucho miedo por todas las malas experiencias que he tenido, pero si me gustaría conocerte, sera de forma lenta, muy despacio espero lo mismo y que esto tenga muy buena continuidad.

—Antoni daba una señal al camarero quien daba paso a un violinista y dos jovenzuelos que cargavan con dos exuverante ramos de orquideas y claveles de color rojo pana, los hermosos ramos de claveles y orquídeas inundaban de un exuberante olor, ella muy entregada se dejaba llevar por Antoni, quien no paraba de besar sus manos, comenzando de esta manera una bella relación.

Pasado el tiempo de su conquista que duraron unos largos meses , Antoni ya estaba comprometiéndose a casarse, así lo hacía de esa forma encontraba su gran amor.

Pasado unos años y con el tiempo a su favor, nacía el primer hijo, pasaron dos años más llegaba el segundo, Antoni muy entregado en los primeros años a sus niños los veía crecer, hasta llegar hacerse adolecentes, ya estaban muy creciditos y muy desenvueltos, así pasaron los siguientes tres años, todo estaba muy bien en su vida, hasta que un día sentado en su oficina llamaba a su mujer para invitarle a cenar, ella se negaba por asuntos sociales, lo mismo sus hijos, todos en lo suyo, siempre solo en las cenas y los desayunos, la rutina de siempre un hola y un hasta luego. Esto creaba en Antoni una terrible situación, su soledad le estaba pasando factura, su carácter irritante lo aislaba, lentamente iba cayendo en una cronica depresión y ningún integrante de su familia no respondia, no se manifestaban.

Alexander

Él estaba en la sima después de tantas exposiciones y toda la prensa a favor que lo volvían un mega artista del óleo y la escultura, sus obras llegaban a alcanzar precios estratosféricos, de esa manera Alexander en más de una década encumbrado en lo más alto de la sima se disponía a realizar una gira mundial, una de sus exposiciones lo realizaría en la gran Venecia, aunque el clima húmedo no era apto para sus obras, pero aun así él pensaba realizarlo.

Antoni

El divagaba en su soledad abecés ido miraba a lo lejos desde los grandes ventanales de su oficina las montañas que divisaba y su soledad se acentuaba sobre todo cuando miraba el rincón de su viejo compañero fiel inseparable Charly, su perro muy querido que había fallecido años atrás, sonriente miraba las fotos de sus hijos y su perro, hasta llegar en la foto de Marcos, quien había partido a su país por sentirse abandonado.

Así pasaros los años su insistencia de todo ese tiempo transcurrido de pedir a gritos compañia a su mujer y sus hijos no daban efecto, hasta que un día muy solitario en la mesa con lágrimas en los ojos y un estrés quemante, miraba un pequeño ordenador donde admirando a una bella joven sentada en una góndola en las aguas de La gran Venecia, cogía el teléfono para pedir a su secretaría que busque un tur a varios países y en la cuál este la más importante" Venecia", la secretaria muy eficiente así lo hacía en pocos minutos tenía a mano la reserva.

Antoni tomaba la decisión de tomarse unas vacaciones, el llamando a todos sus agentes avisaba de su pronta ausencia y lo mismo hacía para su mujer, ella de forma indiferente le prometía llegar a él, él lo asentía y riéndose colgaba el teléfono, mirando a su viejo can en una de sus fotos, murmuraba

—Buscaré un nuevo perro y lo llamaré igual que tú mi gran Charly, también buscaré a Marcos después de terminar mis vacaciones

Tocando el pequeño cuadro que llevaba en su escritorio lagrimeando se ponía de pie para salir a dar un paseo por una bella plaza de la ciudad.

El observaba su pequeño móvil ninguno de sus familiares le daban un buen día, lloroso sentado en un banco miraba a los cisnes que se encontraban jugando. Sobre todo veía a uno de ellos alejado, quieto fuera del agua, el acercandose le hablaba

—Estás viviendo una situación igual que la mía, estás entre tus familiares y nadie te siente, nadie te vé, amigo sacudete extiende tus alas y haste sentir, tal vez caiga alguna estrella y sientas su brillo y vuelvas de nuevo a ser feliz y moviendo los brazos espantando al bello cisne, de forma inesperada alzaba sus alas y cruzaba todo el tajamar para que los demás hagan lo mismo.

Pues bien haré lo mismo

Alexander y Antoni

Las exposiciones de Alexander comenzaban en Europa hasta llegar a Italia y su magica ciudad, la gran Venecia, el lugar inspiraba a Alexander de hecho toda Italia le inspiraba, por su parte Antoni emprendía sus vacaciónes y su llegada a Venecia fue muy relajante, recorría sus aguas de forma solitaría siempre esperando alguna señal de su familia muy distante sin acoplarse a ningún grupo turístico.

Las góndolas eran de colores muy llamativas, tenían en color verde esmeralda, azul turquesa y naranja la cuál transportaba a todos los turistas por sus aguas, las calles de venecia eran tan especiales, con sus disfraces de carnavales y sus aguas de un color musgo daba un cierto aire de calma y quietud para Antoni, el hombre que manejaba el largo embarcadiso era amable y sonriente, robusto como un barril muy simpatico con su camiseta arrayas parecía un mimo.

Antoni al ver un gran cartel que estaba frente a un portal, pedía al gondolero que lo lleve al lugar, en el cartel anunciaba una gran exposición de obras, este muy atento así lo hacía llevándolo hasta el lugar,

Antoni pedía al hombre que después de terminar su trabajo de paseó de reserbas vuelva por qué quería transporte y le prometia una buena paga, el mismo monto que recaudaba por su día de jornal.

Él entraba al lugar de exposición quedándose maravillado por la pintura central del salón, sin mirar más que la obra gigantesca como segado, se dirigía lentamente asía ella, mientras esto ocurría había otro hombre observando lo mismo y murmurando frases como nervioso reprochando el nombre de Alexander.

Antoni pedía al personal encargado hablar con el autor de la obra, la encargada era Magua, ella muy delgada con el rostro esculpido le respondía,

—Veré Señor

Mientras giraba y observaba al otro hombre, que tenía un singular aspecto y una mirada penetrante, llevando una pipa en la boca se dirigiá a Magua

—Sí sería bueno que se presente, dígale que soy Aníbal y que le que le estoy estoy esperando.

—Veré si puede atenderlos, respondía con un aire de rechazo Magua

Mientras ella se dirigía abuscar a Alexander Antoni intentó cruzar palabra con aquel hombre, aunque, le sorprendía la actitud que tenía era de muy poca educación le daba la espalda, ante tal situación Antoni sonriente lo evitaba y centraba su atención a la mejestuosa obra, hasta que llamativamente Alexander cruzaba el salón bajo la mirada de Antoni, su aparición con su mismo aspecto de duende todo de blanco y amarillo pastel con unas sandalias en los pies, parecía un personaje bíblico, cuando Antoni intento acercárse, el hombre que se vestía de negro y unas gafas raras se adelantaba, reclamándole

—¡Tanto te he buscado, te he mandado muchos correos! ¿Por qué me haces esto? ¿Qué mal te he hecho? Alexander sorprendido por la reprimenda respondía pidiéndole que baje su tono

—No es la forma ni el sitio para responderte, déjame un número para hablarlo, ahora por favor me gustariá atender al hombre que pedía mi presencia

Alexander dirigiéndose donde se encontraba Antoni le pregúntaba

—Perdone señor ¿Usted habla español?

Antoni le respondía en francés para luego continuar en inglés. Esto sucedía a poca distancia a unos metros de aquel hombre que no quitaba su mirada hacia Alexander.

Alexander le respondía en cada idioma que hablaba , para luego escuchar de boca de Antoni

—Vaya que buena pronunciación, así se presentaban para luego continuar

—¿Cuál es el valor metálico de esta pintura?

Apenas terminaba de preguntar. Aníbal interrumpía.

—Por lo que veo es tu obra favorita Alexander y será mía y acercándose a Antoni le decía.

—Oiga usted hombre elegante ya está vendida esa obra.

Antoni con muy poca paciencia respondía

—Óigame usted, creo que ha pasado el límite de la insolencia, su mala educación mueve cualquier pensamiento de restricción, porque no se retira de aquí

Alexander ante tal situación pide a ambos tranquilizarse, tocandose el menton pensaba vaya dilema conociendole a Annibal esto podría ser fatal, pensaba que hacer y de forma espontanea dirigiéndose a los dos

—Antes que nada me gustaría que se tranquilizasen, esta obra es muy importante para mi y tú llevas razon Annibal, me gustaría saber ¿Por qué quieres esta obra? Aníbal tocándole los brazos contestaba

—Desde el primer momento que pisé este lugar he percibido que la obra por algo se encontraba expuesta en la entrada del gran salón, sería esta razón y por lo que veo no me he equibocado, además esta fue la obra más importante que por cierto estaba al tanto que te ha costado terminar, además se que es lo que más quieres, como no puedo tenerte tendré lo más preciado de ti.

Alexander con una mala mirada le respondía

—Tú comentario es poco oportuno, en su momento hablaremos de ese tema

Luego giró para dirigirse a Antoni

—Y usted señor que ve en mi preciada obra.

Antoni no entendía que hacía en aquel lugar se sentía desorientado, desubicado pero por respeto se prestaba a la situación, a pesar de todo había algo raro que le movía a prestarse aunque se sentia ridiculo sin sentido y seguía prestándose.

—En su forma abstracta describe mi universo, y en ciertos ángulo en la parte oscura, describe mucho de mis errores

Luego acercó su rostro al de Alexander y continuó

—Así como esta situación estúpida quitada de un teatro de bajo nivel que lo estoy pasando en estos momentos, perdóneme señor Alexander, usted verá lo que le convenga creo que para este hombre es muy importante su obra y si me permiten, mi tiempo es corto me gustaría dedicarle a disfrutar de su arte que es extraordinario.

Así se apartó de esa incómoda situación.

Alexander respondiéndole

—Perdonenme caballeros a usted por hacerle pasar este mal rato, solo decirles a ambos que sintiéndolo no está a la venta esta obra

Y de nuevo pidío disculpas a Antoni mientras se alejaba para luego dirigirce a Aníbal

—Tú no te ilusiones con mis ratos, no te has dado cuenta que ya no soy el mismo del pasado, lo siento Aníbal alejate de mi y dejame en paz vivir mi vida.

Fue su comentario final

Alexander volvía a su sitio mientras que Antoni seguía observando la enorme exposición. Sucedió algo con Alexander cuando llegaba a su oficina, se sentaba en una pequeña butaca y muy inquieto y nervioso pedía a la otra encargada del salon que no pierda de vista al hombre elegante, el cogiéndose de la cabeza, volvía en su mente la imagen de Antoni cuando hacercaba su rostro al suyo, el brillo y color de los ojos de Antoni eran fascinante, la descripción que hacía de la obra de cierta manera coincidía en su inspiracion, reprochandose murmuraba

—No podría ser que de nuevo este tentado por alguien, vaya coincidencia en mi vida, Díos mío

Luego con el teléfono en la mano llamaba a su amiga Magua preguntándole

—¿Dónde te haz metido? Magua sorprendida respondía

—Alexander me encuentro en el hotel acabo de llegar ¿Sucede algo? Voy muy rápidamente en minutos estaré presente

Así bajaba del hotel para acudir a su llamado, apenas llegaba Magua exclamando

—¡Pero acabo de subir! eres un tóxico que no deja que la gente se tome su tiempo. Alexander dándole empujones en el hombro y haciéndole señas, mostraba desde lejos muy discretamente al hombre elegante, era así como lo llamaba, después de hablar a su inseparable amiga, muy nervioso de nuevo se encerraba en su oficina con Magua mientras esto ocurría Aníbal se retiraba dejando su número y pidiendo en vos muy alta que hacían eco en todo el salon. Por otra parte Antoni no paraba su recorrido, él maravillado con el arte de Alexander seguía por todo el salón.

Pasaron los minutos y sucedió algo inesperado cuando la encargada se dirigía para acomodar algunos embalajes en un rincón del salón, observando el gran salón se acordaba del encargo de Alexander y muy deprisa fue a buscar entre la gente al hombre elegante, que para su peor sorpresa ya no lo encontraba, su desesperación por el error cometido se hizo patente y decesperadamente lo buscaba por todo el salón sin allarlo, al ver que Antoni ya se había retirado, muy depriza fue a la oficina de Alexander para avisarle que Antoni ya no se encontraba en el lugar, al enterarse acompañado de Magua muy de prisa abandonaban el lugar para buscarlo, vaya error se repetía hasta sentarse en el suelo reprochandose

—Detesto mi suerte, las personas que me gustan y me caen bien si no me hacen daño desaparecen.

Magua sentándose a su lado lo miraba sin decir nada, hasta mirarse los dos y reírse hasta no más poder, mientras esto ocurría la encargada salía disparada de la sala de exposición para avisar a Alexander que Antoni seguía en el lugar. Alexander muy deprisa se dirigió al salón para entrar en uno de los pequeños cuartos que utilizaba como depósito, al entrar, el perfume intenso fresco de Antoni inundaba el pequeño cuarto, Alexander sin más le exlamaba

—¡Disculpe señor este sitio es un sitio privado!

Antoni girando lo miraba exclamando

—¡Ha sí! Muy sonriente y con un tono irónico perdone mi atrevimiento, abandonaré su recinto por esta falta.

—Espero no ofenderle, los tubos son muy difíciles de manipularlo y podría ser que en un intento alguna obra podría ser dañada.

Para Alexander el carácter y el andar de Antoni era arrebatador muy estricto, su tono de voz ronca y lenta y su rostro con unos ojos color laucos sonriente daba una imagen de seguridad extrema como si fuera el dueño del mundo

Alexander con los nervios a flor de piel respondía

—No fue mi intención molestarlo, si le podría ayudar aquí me tiene para lo que usted necesite.

Antoni acercándose muy delicadamente

—Ayúdeme a entender de qué iba ese hombre, fue un gran mal educado.

Alexander se quedaba pasmado, muy intrigado sin responder.

Antoni proseguía.

¿No puedes responder? Aunque me sienta mal esta intromisión. No insistiré, siguiendo con su arte, me gustaría un presupuesto por lo menos de unos setenta cuadros, son los que he apuntado en esta libretilla, Alexander muy sorprendido y nervioso respondía

—Si claro usted pierda cuidado, todo será como usted quiera.

Antoni girándose como recitando con gestos en su expresión

—Perdóneme usted, estoy encantado en su ambiente, su mágico arte me fascina Pasándole la mano con una sonrisa le felicitaba y proseguía

—¿Este presupuesto me lo podría hacer ahora? Mientras yo seguiré disfrutando de la hemoción que causa la pintura central en mi ser.

Alexander pedía a Magua que le sirva champán, y murmuraba a su amiga

—Como podría saber si este hombre al ver mi conducta, tendriá alguna mala actitud hacia mi.

Magua lo miraba y guiñandole un ojo se dirigiá con el champán en la vandeja al salón luego a su vuelta comentaba

—No es homosexual, deja los nervios aparcados en tu butaca y has lo más importante vender y deja que fluya esta situación

Mientras muy rápidamente sin perder segundo terminaba de presupuestar sus pinturas y de nuevo decía

—Mira esto Magua, son mucho más de cinco kilos, es una gran fortuna, para luego llevar a Antoni y entregárselo.

Muy rápidamente cuándo se acercaba a Antoni y al observar sus ojos llorosos le preguntaba muy suavemente.

—¿Se encuentra bien usted señor?

Antoni respondía

—Por favor acérquese, me gustaría preguntarle ¿En que se inspiró para hacer esta obra? Alexander sintió sus manos rosando el suyo y moviéndose suavemente sin dejar de mirar aquella obra le respondía.

—Es la mitad de mi vida en un intento desesperado por encontrar mi alma gemela, pero como verá esta será mi alma gemela, solamente mis pinturas y mis esculturas. Antoni mirándolo con ojos melancólicos le respondía.

—Vaya coincidencia, quién se imaginaría que yo me encontraría frente a un ser con ciertas similitudes en su existencia con la mía, he pasado en numerosas facetas de mi vida con decepciones tanto amorosas como sociales, y hoy me ve usted aquí en una soledad inesperada, arrastrando una decepción familiar, siempre he sostenido esta frase, hay que seguir viviendo, seguir el camino sin rendirse ante la decepción, lo he experimentado en mi propia persona. Abecés uno piensa haber encontrado su felicidad, pasado el tiempo descubres que nada es verdad, que todo es superficial, que la felicidad es algo pasajero y mientras dure vives, en una burbuja suspirando y sintiendo bellos momentos y emociones que inexplicablemente terminan dejando un vacío inquietante y un aterrador silencio en la vida, aunque la vida es lo más bello que tiene el ser humanao y seguir viviendo es lo único que se queda con o sin decepciones.

Alexander con una mirada melancólica no hablaba, parecía silenciado por las palabras de Antoni, quien no paraba de hablar

—Mire me gustaría invitarlo a usted y su bella amiga a cenar y no aceptaré un no. Alexander sorprendido veía como sus obras, hasta el mismo ambiente conspiraban a su favor como cómplices de una atrevida experiencia.

—Como negarme a pesar de que lleve un cansancio y un estrés tormentoso, lo acepto encantado.

Ellos seguían hablando, Alexander preguntaba

—¿A qué se dedica señor Antoni?

—No me llame señor, dígame solo Antoni. Yo soy simplemente un representante de unas mini empresas y a la vez trabajo para muchos inversores, para ellos son estas obras, las cuáles serán como si fuesen mías

—Alexander sonriente seguía

—¿Y qué porcentaje de ganancias tendría usted de todo esto?

Antoni respondía

—Tenerlos cerca mío disfrutarlo cada día, aunque sería difícil de comprenderme creo que lo único que me puede ya conmover es algo abstracto, creo que sería muy difícil de explicarlo

Alexander sin perder oportunidad.

—Pues ya lo hablaríamos durante la cena.

Entonces Magua ya serrando la exposición por pedido de Alexander a pesar de ser fuera de horario había retirado a toda la gente del lugar para ponerse expectantes en la misma salida del salón, Alexander se prestaba a los planes de Antoni, el cuál eufórico por la situación, y por hacer una nueva amistad preguntaba

—Dónde les parecería mejor pasarnos una noche esplendida, creo que después de tantos años me he sentido otra vez humano ja ja ja dando una carcajada muy liberal de pueblerino.

Alexander sin quedarse atrás saltando por delante exclamaba

—¡Ya tengo el mejor sitio!

Llegando al lugar Magua murmurando por detrás de Antoni

—Pero esto parece más bien una cita Alexander,

Él respondiéndola

—Pues de hecho que lo es

Muertos de la risa los dos, hasta que de repente girando Antoni preguntaba.

—¿Están murmurando a mis espalda? Me parece muy importante la presencia de nuestra amiga, sería el complemento ideal de hoy, porque sin ti bellísima no sería igual este momento, la mujer en toda ocasión es el mejor complemento en nuestras vidas, aunque en tú caso con tu perdón creo que no sería así Alexander.

Alexander sin saber que decir bajando el rostro, guardó silencio como ofendido, hasta que Magua rompió aquella mala situación y comparación creada torpemente por Antoni.

—Bueno, para Alexander no sería igual los complementos que

has usado para la mujer, sinembargo para mi también una buena amiga sería lo mejor, de todos modos Alexander siempre estuvo rodeado de las mejores personas.

Alexander sintió un rechazo inesperado y su respuesta no se hizo esperar.

—Lo concerniente a mi vida y mi sentimiento solo me corresponde a mi y si a usted le parece correcto lo que vive o lo que siente, siga viviendo respetando el sentimiento de los demás.

Magua viendo la tención de Alexander comentaba

—Pero hemos salido a disfrutar y brindar y yo disfrutaré de vuestra presencia.

Antoni sintiéndose mal por su comentario imprudente, cogiéndole de la mano a Alexander pedía que le perdone por ofenderle, Alexander empujandolo, con risas como un adolescente le recriminaba diciéndole

—Por la ofensa, tendrás que pagar solo toda la cena

Alexander sonriente se adelantaba mostrando mucho interés en pasarlo bien.

—Si y hoy disfrutaremos del mejor manjar.

Ya sentados Antoni pedía varias botellas de champán, corrían las copas y la risa de Magua se hacía eco en el salón del restaurante, mientras Alexander insistía en cenar, Antoni muy amable cogía la carta y le ofrecía a Alexander el mejor menú.

—Pues lo disfrutaré.

Mientras esto ocurría Magua fue despidiéndose de Antoni y Alexander, excusándose que su amiga pasaría a buscarla, así se quedaron solos con más intimidad, Antoni con un aspecto y personalidad imponente preguntaba de forma directa.

—No me habías respondido la pregunta que te había hecho anteriormente ¿Qué buscaba aquel hombre de ti?

Perdóname es que en parte tuve la mala educación de oír lo que te reprochaba. Alexander sorprendido le respondía

—Este hombre buscaba tenerme a su lado, hubo algo entre los dos, pero duró muy poco, por su mala manera de vivir, aparte de eso para mí fue solamente una aventura de joven sin mayor importancia, este personaje siempre estuvo merodeando en mi entorno de forma muy intensa

—Ya me había percatado de que iva esa situación ¿Y qué piensas hacer con él?

—Nada tenerlo lejos de mi existencia

De forma repentina se bebía más deprisa las copas para terminar la primera botella de champán y pedía al camararero habrir la segunda botella para luego romperse en risa.

Alexander sorprendido preguntaba.

—¿Y esa risa a qué se debe?

—Mírame sentado a cientos de miles de kilómetros de mi hogar totalmente rendido a una persona extraña, con un gusto sexual ajeno a mi entedimiento sin saber qué imagen tendrás de mí persona y lo peor enregado a una terrible confusión, sin entender si tú arte, tú persona o que me tiene atado a este momento, otro gran detalle ¡Quién diría que eres homosexual!, pero permíteme agasajarte dejame que me congracie con tú energía y tú arte y perdona mi imprudencia y mi pesadez

Y bebiendo muy deprisa, pedía al camarero el mejor vino.

Antoni cogiendo la botella de vino se bebió la mitad de ella. Alexander viendo como bebía mirándole con una sonrisa de niño

—Por favor Antoni deje de beber de esa manera ¿Le gustaría picar algo de comer? Antoni tocándole la mano le agradecía

—Óigame Alexander, con respecto a este hombre usted sabrá que decisión tomar con sus problemas amorosos, de mi parte parece correcto su decisión, le agradezco su atención y por la confianza de hablarme de su intimidad, espero y quiero que me aguante y me tenga paciencia ¿Seguirá en mi compañía o me dejará aquí?

Aunque ya estoy acostumbrado a mi soledad estos ultimos años mi unica compañia eran las fotos del pasado y mi ordenador.

Necesito perdone de nuevo mi pesadez pero esto lo necesitaba más aún después de haberle conocido lamentaría no fuese una hermosa dama, me he dado cuenta que su persona eclipsa mi atención, su forma de tratar las situaciones su firmeza y su tacto en el trato rozan la perfección y de vuelta se bebía todo el vino que quedaba en la botella, luego fue al cuarto de servicio.

—Ya vuelvo por favor no me dejes tirado, acuérdate que depende de mí las venta millonaria de tus pinturas.

Dándole una sonrisa irónica y haciéndole muecas.

Alexander ya decepcionado pensando en el pasado la terrible situación que había experimentado con el tema del alcohol, él pensaba que no se prestaría para otra decepción, aparte de eso que ni siquiera era homosexual, pidió la cuenta al camarero y otra botella más de vino, cuando Antoni terminaba en el cuarto de baño antes de salir se miraba en el espejo preguntándose

—¿Qué me está pasando? ¡Vaya confusión! ¿Será de nuevo mi necesidad? o será el alcohol

Y riéndose se mojaba el rostro para luego echarse a reír desenfrenadamente, para luego dirigirse junto a Alexander, quien nervioso se ponía de pié pidiéndole retirarse del lugar.

Antoni preguntaba

—¿Y la cuenta ?

—Ya está pagada todo lo consumido respondía el camarero.

Antoni mirándole y y dando palmadas en la mejilla de Alexander preguntaba

—¿Estás disgustado?

—¿ Y qué haremos ahora?

—No estoy disgustado Antoni, propongo caminar y seguir bebiendo, afirmaba Alexander claro si a ti te apetece hacerlo.

Antoni sonriente

—Hasta tienes el poder de decisión, aremos lo que me pidas mientras no me pidas algo imprudente y por favor Alexander lo que has pagado te lo devolveré mañana y de nuevo le pido disculpas por mi tono y mi forma brusca de comportarme, es que me encuentro en un dilema y esta situación que tu ocacionas en mi no sé como tratarlo.

Alexander veía en Antoni una posición ambigua en su conducta, pero decidía dejarlo pasar para otro momento.

Así salieron a caminar por aquella costa que daba al principio de la ciudad, hasta que Antoni veía la góndola que iba muy despacio por el medio de las aguas, era el gondolero a quién había pedido que este al terminar su jornal. Antoni dándo un silbido ensordecedor hacía gestos con los brazos para que el hombre pueda verlo y acercarse en la costa.

Alexander pasmado por la conducta y todo el movimiento de Antoni se sentía cegado por cada gesto pueblerino natural sin límite que tenía en cada situación, su temor se hacía patente al ver que todo lo que el significaba llenaba sus expectativas, pero aún así había un problema el acohol y su temor por su homosexualidad y el rechazo que podía ocasionar a Anotni, la góndola se acercaba a la costa para que Antoni y Alexander se acomodasen en ella, no exactamente como Alexander quería pero por lo menos uno en cada extremo, hasta que se apartaron de la costa, Alexander miraba a lo lejos preguntándose ¿Qué diablos hago metido en esta cosa?

Hasta que sus pensamientos fueron interrumpidos por el abrazo de Antoni, quien besándole en la mejilla le pedía que se hacercase a él, para luego echarse entre sus piernas.

Alexander le preguntaba

—¿Te encuentras bien Antoni?. El respondía

—Pasame la mano precioso amigo, Alexander así lo hacia todo con mucho tacto y temor, Antoni besaba sus manos y entre besos murmuraba

—Gracias por haberme permitido esta noche increíblemente maravillosa, para mi será inolvidable y por favor llevame al hotel que lleva el nombre de floridían.

Tras terminar de pronunciar su última frase se quedaba dormido, Alexander acariciaba su rostro y en su pensamiento corrían ideas, imágenes, hasta que reaccionaba pidiendo al gondolero le acerque al hotel, mientras esto ocurría despertaba a Antoni, quien daba la dirección exacta al hombre, quien les acompañaba hasta su hotel, al ver Alexander el hotel cinco estrellas donde se hospedaba se quedaba sorprendido, era el hotel de los grandes magnates se presentaba en la recepsión para luego llevarlo hasta la suite y una vez dentro Antoni se caía tendido en el suelo, Alexander lo ayudaba para ir a su dormitorio, se encontraba muy ebrio, apenas se podía mantenerse en pie, él se rendía ante los brazos fuertes de Alexander quien lo acomodaba, le quitaba los zapatos, los pantalones, hasta dejarlo en su cuarto durmiendo para luego retirarse y acomodarse en un hermoso sofá quedándose dormido y así pasaron las horas y llegaba la mañana, Antoni se despertaba solo con su ropa interior, sentándose miraba su cartera sus zapatos su ropa acomodada, él se tocaba, no había acto sexual en su cuerpo y exlamaba

—¡Que mierda he hecho por Díos!

Y saliendo en la sala vé a Alexander totalmente rendido durmiendo, él acercándose murmuraba

—No fue un sueño

Y acercando su rostro al rostro de Alexander de nuevo murmuraba

—¿Quién pensaría que una estrella estaría compartiendo suite a mi lado?

Y seguía acercando su rostro y pensando en esa terrible confusión que le quitaba de quicio

—¿Qué me está pasando? cuánto más lo miro, más me siento atraído

Y de forma repentina, Alexander muy despacio abriendo uno

de sus ojo preguntaba

—¿Qué haces? ¿Antoni te encuentras bien? Antoni pidiendo disculpas, y dándole la espalda se cubría el rostro y exclamaba

—¡Qué terrible confusión! Como no aceptando la situación.

Por su parte Alexander se vestía muy rápidamente, poniéndose la ropa y diciéndole

—¿Qué haces Antoni con ropa interior? Se me ha hecho muy tarde, espero te relajes y pongas tu mente en orden.

Antoni cogiéndole de los hombros le decía

—Soy yo el problema espérame, no te vayas a ningún sitio, te acompañaré, te invitaré a desayunar, y se dirigió al cuarto de baño, para luego romperse en llanto y abrir la puerta para

—Óyeme Alexander puedes pasarme las toallas que están en el vestidor.

Alexander le preguntaba de nuevo

—¿Te encuentras bien? Él le respondía

—No me encuentro bien.

Alexander muy deprisa iba a buscar las toallas.

—Aquí están, pero Antoni si lo tienes serca de ti, están dobladas en su sitio, Antoni cogía las toallas y a la vez las manos de Alexander y muy suavemente abría del todo la puerta pidiéndole que pase

—Alexander pasa me quitaré esta duda, espero no te molestes por mi actitud, déjame llevar esto como yo lo sienta

Antoni le quitaba toda la ropa, Alexander nervioso no lo podia creer hasta que

—Creo que ya lo entiendo afirmaba Antoni.

Alexander tapándole la boca suavemente le pedía que guardase silencio.

—Déjate llevar yo seré tu guía.

Alexander acariciaba los fuertes pechos de Antoni, el agua tibia asía de cómplice en aquel encuentro inesperado ni pensado por uno de los protagonistas, Alexander besaba a Antoni y presionándose por un costado sentía su erección, quien respondía abriendo sus ojos azul intenso casi laucos y cogiéndo de sus brazos le decía yo seré el que sigue, tú serás el que se dejará llevar y poniéndole de espaldas besaba el costado de su cuello los labios carnoso de Antoni recorrían suavemente la esbelta espalda de Alexander bajándose asía sus glúteos, para abrirlos y pasarle muy suavemente su ardiente legua que recorria todo sitio no esperado, Alexander gemía de placer quién lo levantaba para acariciarle la sintura mientras seguían los besos, sus lavios lubricados hacian juego con sus lenguas inquietas llenas de sensualidad y ardor Alexander bajaba jugando con sus pezones y cogiendole de las manos lo precionaba contra la pared de cristal, muy suavemente alzando sus brazos recorría su axila, Antoni tembloroso pedía a Alexander por favor que se detenga, por que estaba apunto del orgasmo. lexander muy exitado le pedía seguir en la cama una vez en ella, seguía por las partes de Antoni quien a gritos tenia su primer orgasmo, seguía con una terrible erección, Antoni se acomodaba en la amplía cama, suavemente Alexander se posicionaba entre sus enormes muslos, sus húmedos labios y tibia lengua comenzaban a jugar por cada pliegue de su cuerpo sus movimientos cargados de pasión y su experiencia hacia temblar a Antoni.

Alexander recorría con sus labios juguetones y su lengua los enormes muslos de Antoni, llegando hasta los pies, de forma repentina Alexander escuchaba un susurro con llanto y se detenía y preguntándole.

—¿Qué pasa te encuentras bien Antoni?

Él respondía

—Sí más que bien, no me detendré ven aquí, mis lagrimas son de intensidad y de plaser, de entrega.

Para luego fundirse ambos en un acto sexual apasionado, totalmente entregados continuaron toda la mañana, pidieron el desayuno y de nuevo continuaban como dos adolescentes, sus besos eran interminables, llegaba la tarde Alexander echado en su pecho y jugando con sus bellos preguntaba a Antoni.

—¿Esto como quedará? Antoni contestando

—No estropees esto, ya lo hablaremos en su momento ahora solo déjame hacerte sentir que soy dueño de esta situación provocada por mí, mañana hablaremos de los dos, Alexander muy curioso preguntaba

—¿Fue tú primera vez? ¿Nunca has estado con alguien de tu mismo sexo?

—Efectivamente no estuve con nadie, ni se me ha cruzado por la mente espero lo entiendas

—¿Cómo te sientes?

—Quieres que te lo diga mejor te lo demuestro antes de ponernos de pie, de nuevo al acto sexual la pasión se adueñaba de ambos sin límites, hasta el último segundo de estar íntimamente.

Ambos se duchaban juntos entre mimos, besos, carisias los dos se disponían para salir del cuarto, sin despegarse, seguían los besos y apretones así dejaban el hotel hasta llegar a la calle peatonal.

Cuando iban por la calle los dos muy sonrientes, Antoni al ver pasar a un costado una pareja homosexual cogidos de la mano, se detenía y los llamaba

—Perdónenme ¿Pueden acercarse? hoy es vuestro día de suerte, quiero hacerles un presente, miren esto es para ustedes para que hagan con él lo que les apetezca.

Y sacando una pequeña chequera iba marcando los números muy feliz en su acto.

—Primero el uno y tres cero, no, no, no, mejor uno más, diez mil euros y abrazandoles con sus brazos fuertes muy feliz le daba besos a los dos.

—Que sean felices así como yo miren mi estrella, lo he encontrado ayer y cogiéndole a Alexander le daba un tremendo beso, esto asía que Alexander empiece a temblar, él estaba eufórico y reaccionando lo cogía de la mano como a un niño reprochandole

—¿Qué haces Antoni? esto es algo muy precipitado, no sabemos nada uno del otro.

Antoni mirándolo

—Pero que dices Alexander no seas agua fiesta, no te parece bello lo que hemos vivido en tan solo un día

Alexander sentándose en una caja de embalaje que se encontraba cerca de un puesto de venta de flores llevándose las manos en su rostro muy preocupado comentaba

—Te estas precipitando, esto no me lo esperaba, es qué no lo puedo creer, lo primero sería conocernos, luego hablar de esto.

—No te pongas así Alexander, no temas, jamás te haría daño, será como tú quieras pero levántate que no podemos detenernos, estoy feliz y no quiero que nada detenga estos momentos, ahora vé a lo tuyo y por favor prepara bien documentado mi pedido, apenas este, te enviaré mis datos para que documentes todo lo que adquirido, te pagaré luego cuando ya nos conoscamos bien, hoy me conocerás, yo iré a lo mis responsabilidades por quetengo varios temas urgentes que solucionar, nos veremos al atardecer, iré junto a ti, vamos, vamos.

Alexander poniéndose de pie como atónito y sorprendido por el carácter de Antoni, simplemente lo miraba y pensaba.

Este podría ser mi último cartucho sentimental, es fuerza, es pura energía, veré como llevarlo y cogiéndolo del brazo comentaba

—Necesito conocerte, hablar de todo esto, espero me entiendas, tengo una imagen y toda una carrera que cuidar Antoni.

Antoni con un movimiento chulesco le respondía

—Lo cuál apoyo y más, aunque tú no lo creas tengo algún que otro bien material que podría perder por esto.

Alexander observaba todo su entorno y tirando del brazo de Antoni, hacercandose a Antoni, preguntaba

—¿De dónde has salido? Pero ni siquiera eres homosexual, el sonriendo y guiñándole el ojo le respondía

—Creo que hace media hora me he declarado homosexual ante una parejilla joven y ante ti, me he dado cuenta que descubierto un sentimiento ajeno a lo que me he señido y me ha tenido limitado en mi vida y ahora me encuentro rendido ante la magia y la fuerza pasional que despierta esto en mí y tu sales con esto que para mí sonaría como una tremenda tontería, aunque creo que hablas como un homofobo perdido, hoy a la noche durante la cena te mostraré mi verdad.

Él siguió caminando detrás de Alexander después muy sonriente se adelantaba lo detenía y tras besarle la mano Antoni se retiraba del sitio diciendole te extraño ya, sin haberte marchado.

Pasaron las horas Alexander llevaba el pañuelo de Antoni en el bolsillo de su chaqueta, sentado en la silla de su oficina y presionando por su rostro lo llevaba a sus humedos labios recordándo la noche inacabable de pasión vivida con Antoni, hasta que fue interrumpido por Magua quien

—Vamos Alexander cuéntame que ocurrió, veo que estas muy relajado, a ver suéltalo, Alexander mirándola comentaba

—Ha pasado todo, creo que esto es el principio, espero que sea algo con futuro, porqué mi entrega será sin reserva, hoy sabré más de él, esto es increíble, necesito pisar suelo, me he quedado en un estado catatónico, ido, duro, me encuentro embriagado del sonido de su vos, su presencia atrapa todos mis sentidos, su entrega es mi prisión, querida Magua estoy perdidamente enamorado y mi temor es perder en esta historia.

Mientras esto ocurría con Alexander, Antoni se disponía a hacer más larga sus vacaciones, enviándo orden a su secretaría de confianza que avise a todos sus directivos y agentes de su ausencia.

Antoni eufórico daba un suspiro profundo y pedía a sus guarda espaldas que tomen vacaciones, pedía al servicio de hotel un té relajante, en su mente se repetían las imágenes del acto sexual y precionando su rostro murmuraba.

—La experiencia fue arrebatadora, la pasión es indescriptible, esta experiencia me ha calado hasta los huesos, es pura entrega sin limites. Díos mío espero no salir mal parado de esto.

Hasta que sus comentarios en su mente eran interrumpidos por las frases de Alexander que se hacían eco en su mente "te estás precipitando".

Tomando su té pensaba en la cena y llegaban a su mente imágenes del pasado y se detenía en el rostro de Marcos su complice de los romances fallidos, entonces en su agenda buscaba algún número para dar con él, Antoni cargaba en su interior una euforia candente, quería informarse personalmente de su excriado Marcos, para traerlo de nuevo, después de varios intentos de tratar de dar con aquel criado como lo llamaba él por quién tenía un aprecio familiar, se quedaba más que contento cuando encontraba en su cartera un pequeño trozo de papel en el cuál estaba apuntado un número de teléfono de un familiar de Marcos y de hecho al llamarlo contestaba el teléfono el mismo y encantado accedía a su llamado para estar de nuevo con él. Antoni no tenía palabra para agradecérselo.

—Creo que te he fallado Marcos, tengo una sorpresa para darte, ahora me encuentro de vacaciones y por motivos personales me quedaré más tiempo, ya sabrás de mí, por ahora Hemili te pondrá al tanto de todo, ella te llamará, estoy muy contento ya sabrás todo lo que acontece prepara todas tus cosas personales no traigas mucha ropa y vete a la casa grande de la ciudad ya sabes.

Así se despedía de Marcos, para luego hacer las reservas del restaurante exclusivo de Antoni, él reservaba una parte del salón como estaba acostumbrado, abarcando casi la mitad del lugar hacía un pedido de flores para enviarle a Alexander, con una enorme postal que decía,¿Cuál de las flores prefieres? orquídea, rosa o clavel. Alexander al recibir sin poder contenerse lo llamaba, no se prestaba al juego de Antoni simplemente le contestaba

—Me gustan las flores, pero más me gusta el vino y el perfume.

Antoni no respondía a nada solo sonreía y le pedía que fuera puntual, así pasaron las horas y muy eufórico preparaba su sorpresa.

Alexander por su parte también ya tenía preparada su sorpresa y sucedió el encuentro, ambos llegaban al lugar, un camarero muy simpático les recibía con un ramo exuberante de las cuatro flores que entregaba a Alexander, para luego guiarlo asía el lugar donde estaba una mesa muy bien montada con colores muy vistosos.

Antoni vestía un traje color vino, su brillo deslumbraba todo el salón, Alexander como cegado por el momento, no se percató que todo el entorno estaba cubierto por las marcas más importantes de perfumes.

Antoni lo recibía con un fuerte abrazo, Alexander incrédulo no reaccionaba, el seguía

el saludo como amigos tímidamente. Antoni acostumbrado a ser anfitrión pedía el vino, Alexander lo miraba sin decir nada tembloroso, hasta que

—Pero estoy frío atónito, me gustaría escuchar tu primera verdad, por ése motivo estamos aquí, espero no romper la magia.

Tocándole suavemente la mano Antoni le respondía.

—No creo que puedas romper la magia de esto, porque tú formas partes de ella, y con respecto a mí soy Antoni Cromwell dueño de unas muchas empresas multimillonarias en todo el mundo.

Alexander mirándole preguntaba:

—¿Y por qué yo? No tendré tu riqueza, pero me habías dicho que no eras homosexual, esto es como el día y la noche, me esta causando hasta dudas.

Antoni introduciendo su mano por debajo de su saco, quitaba una pequeña foto y mostraba a Alexander.

—No fui homosexual ahora lo soy, mira esta es la foto de mi mujer y mis hijos, como verás no hay nada que te pueda ocultar, espero me comprendas, ellos están en sus vidas y quiero que sepas que si me ayudas podré solucionar esa situación, dejarlo como tiene que estar sin hacerle daño a nadie, necesito dejar todo en su sitio, independientemente de esto que me esta ocurriendo he tenido todo el día para pensarlo y así lo he decidido, me gustaría comentarte que tú no eres el motivo de mi decisión he estado dos años mostrándome pero no me dieron el más mínimo valor en sus vidas, he intentado por todos los medios, ya sé cumplirá dos meses de mi ausencia y ni se han molestado en llamarme para saber algo de mi, he sido una persona que parecía feliz, amo a mis hijos, pensaba que con mi mujer había encontrado el amor, todo fue bello en principio, pero el tiempo ha pasado y aquí me tienes tomando un camino totalmente diferente, no lo sé, después de esta velada serás tú quién me ayudará a tomar la decisión de tomar mi camino a tu lado y con esto no te estaría obligando pero si comprometiendo.

Alexander lo miraba y con una expresión de tristeza le respondía.

—Ya me tienes en tus manos ¿Pero, qué harías con tu familia? sobre todo tus hijos ¿Cómo lo tomarían? creo y me parece que es algo muy delicado, tendrías que verlo es muy íntimo y personal, aparte de todo es tú situación.

Antoni lo interrumpía:

—Perdoname por interrumpirte Alexander, pero creo que no me has entendido ellos están en sus vidas, de mi parte les he dado todo, siempre estuve para ellos, tampoco mi vida destrozaría mientras que ellos no demuestren que soy importante para sus vidas, ellos serán al final quiénes decidirán que vida llevar, así como yo lo he decidido, alguna vez tendrán que hacer con sus vidas. Para mi ellos seguirán siendo lo más importante, bueno dependerá como lo lleven esto.

La situación se hacía muy pesada para Alexander, él no podía entender, Antoni se expondría a sus hijos por su misma decisión, guardando silencio simplemente lo observaba hasta que penso y lanzó sus pensamientos.

—Tú eres una persona determinante y tú tendrás que tomar tus decisiones con lógica, mientras, no te olvides lo que dicta tú corazón, me gustaría decirte que yo estaré a tu lado apoyándote, pero tendrás que respetar las decisiones que tome ante cualquier eventualidad.

Antoni le respondía:

—Y tú que ¿Tienes a alguien en tu vida?

Y con una sonrisa desenfrenada Alexander respondía.

—He tenido muy malas experiencias, entre ellas el que tú lo habías visto, él fue mi refugio ante la cruel soledad que afectaba mi existencia, pero pasado un tiempo mi vida se volvió bacía monótona, viciosa sin rumbo y sin ganas de continuar con nada y lo peor de todo fue ver como las personas se compotaban ante mi por el hecho de ser homosexual, hasta que los problemas que había tenido por causa de mi malas elecciones me habían pasado factura, no tuve otra opción y busqué refugio en en mi arte y nada más, también están las personas más importante de mi vida, una de ellas es mi amiga Magua, ella sería mi única familia, claro aparte de los viejos con quienes sigo viviendo, a ellos les dedico todas mis obras y mira estas te la dedico a ti.

Y pasaron los camareros con las obras tan deseadas por Antoni, sumado las otras dos que eran lo opuesto en expresión a la obra central, Antoni sin poder contenerse frente a los dos camareros cogía a Alexander para abrazarlo y darle un apasionado e interminable beso, terminado el beso, haciendo guiño a uno de los camareros pedía que le acerque un enorme sobre, siéntate todo sigue como lo pensaba, esto es la otra sorpresa, Alexander rompiéndose en risa habría el sobre, al ver lo que había en el se quedaba intrigado observando unas fotos de varías mansiones con inmensos jardines, todos en diferentes puntos más exóticos del mundo y preguntaba

—¿Y estas fotos qué significan?

Antoni sonriente:

—Todas ellas serán tuyas, en ellas crearás tus mejores inspiraciones, jugarás con todos los perros que quieras y seré tu compañía, estaré a tu lado si me lo permites y mira este anillo será nuestro compromiso si lo aceptas, y metiendo la mano en su bolsillo sacaba un bello y raro anillo con esmeralda y rubíes, en el centro un diamante de alto costo y así terminaba la cena y comenzaba una nueva vida para ambos.

Alexander lloroso daba su mano, Antoni quien poniéndole el anillo le prometía que jamás le haría daño y secandole las lagrimas de Alexander con besos y cogiendo su mano lo llevaba a elegir todos los perfumes más exóticos que le gustaba.

Antoni pedía a Alexander que elija la fragancia que más le parecía seductora, para usarlo siempre a su lado. Luego terminaba la velada romántica llena de futuro, con una magia soñada.

Pasaron las primeras semanas y con ella los ultimos días para el regreso a casa, Venecia y su mágico aire había contribuido a una gran y hermosa relación de dos seres unidos por un mismo sentimiento, la exposición de Alexander terminaba con un éxito súper millonario, a él le esperaba el cierre de su gira en otro país, que ya lo estaba preparando Magua su eterna y fiel amiga.

Por su parte Antoni muy preocupado por poner al tanto a Alexander de toda la situación que le estaba esperando respecto a su mujer y su familia, terminado sus ocupaciones y asuntos referentes a barias cadenas de empresas se disponía a esperarle en el hotel para hablar del tema, apenas verle llegar sus nervios lo delataban, lo primero que surgía de Alexander.

—¿Por qué estas nervioso Antoni? ¿Qué pasa dímelo estoy aquí?

Mientras Antoni preparaba un buen baso cargado de whisky, sonriente y mucho más calmado ante la iniciativa de Alexander quien se acercaba por detrás abrazándole y besándole delicadamente en el cuello murmurándole en el oído, estoy viviendo y suspirando por ti en cada segundo de mi vida, le doy gracias a Dios por haberte conocido, mi vida está llena de tu presencia, iluminas mis días, están llenas de ti, eres lo mejor que me ha pasado en este corto tiempo.

Antoni girando suavemente lloroso pegaba su frente a la de alexander y

—Lo mismo digo mírame me has apartado estos meses de todo lo frío, has llenado de tu energía mi vida, has hecho que descubra que los sentimientos no tiene solo una cara, que mi vida se congracie y se entregue a la tuya

Muy suavemente lo acariciaba dándole un beso muy tierno y apartándole muy despacio Alexander le pedía.

—Por favor Antoni, no bebas detente

—Cogiendo el baso de wisky de sus manos le pedía

—Tíralo no bebas

Antoni sumiso lo tiraba con una bella sonrisa, mientras que Alexander proseguia

—Todo lo que me dices y me haces sentir es bello, lo mismo siento yo por ti, pero están tus hijos que lo mismo que yo son muy importantes en tu vida

Antoni girándose y dándole la espalda respondía

—Te lo volveré a repetir, ellos están en lugar muy importante de mi vida, les he dado todo de mí, en todos los sentidos y mira donde estoy y con quién estoy, ellos lo tendrán que entender y si no es así, lo sentiré en el alma, tienes que saber que soy la persona más feliz del universo. En todos estos días he estado reflexionando, analizando todo lo vívido que a pesar fue muy precipitado y en muy poco tiempo, creo firmemente que estando a tu lado seré feliz y seré mucho más feliz si mis hijos lo aceptan y respeten mi decisión, está la otra parte que es la más importante.

Dependerá de ti para que esto siga su curso normal, porque lo que nos espera será durísimo.

Alexander lo abrazaba por detrás, reposaba su rostro por la ancha espalda de Antoni, diciendo

—Espero saber llevarlo y poder estar a tu altura mi gran señor, ya sabes que me tienes a tu lado incondicionalmente y no habrá tormenta ni tornado que pueda contra los dos.

Así pasaron los días y faltando dos días para el viaje de Alexander ocurría lo inesperado, su mujer y sus dos hijos hacían acto de presencia en el hotel donde se alojaba Antoni, la sorpresa fue cuando el recepcionista avisaba a Antoni que había gente esperándole en el lobi del hotel, Antoni muy curioso preguntaba

—¿De quién se trata esta vez?

Él recepcionista respondía

—Señor estas personas hablaron de que era una sorpresa

—Okey veré de qué trata la sorpresa, y al entrar en el lobi, la primera a quien vió fue a su hija, que con cierto tono irónico

—Oigan ¡Aquí está nuestro padre!

—Vaya adelanto respondía Antoni.

Sorprendido, mientras que Alexander se quedaba en la puerta escuchando todo, hasta que de pronto hoyo la voz de la mujer que decía

—Espero tengas una buena explicación para darnos ¿Y tú amante? No la has traído, espero que sea una mujer muy entera y sobre todo muy bella, y sin esperar la hija menor se pronunciaba verbalmente a su padre

—¿Porqué nos hacés esto padre? ¿Nosotros qué te hemos hecho?

Antoni mirando a su hijo se dirigía a él.

—¿Y tú Mason no tienes nada que decir?

—Si padre ¿Porqué te has dejado la barba y el cabello largo? no le pareces al señor Antoni, es más hasta pareces otra persona, te veo muy cambiado hasta podría decirte que tú carácter es muy diferente.

Con respecto a lo que tengas a tu lado o decidas respetaré, mientras no te aparten de mi, serán bienvenidos.

Antoni poniéndose de un lado le agradecía y mirando a su mujer bañada en lágrimas

—Deja de llorar mujer, lo primero dime ¿Quién les ha dado estos datos?, lo saben todo o solo a medias.

La mujer poniéndose frente a su rostro reclamaba

—¡Cómo no saberlo! si he mirado todas las inversiones que has hecho te has comprado en menos de cuatro meses seis mansiones en diferentes partes del mundo, has mandado limpiar y arreglar todos los jardines del castillo de Burdeos y has reformado la misma casa de campo de retiro, sin consultarme nada, absolutamente nada.

Antoni atónito la miraba petrificado, solo sus suspiros y sus ojos azules cristalinos casi laucos brillaban horrorizado, hasta que

—Díos, por Díos esto no lo puedo creer, pensaba que yo daría la sorpresa y al final soy yo quien lo recibe.

La hija le intentaba interrumpir, pero Antoni no lo permitía

—Tú te callas, guarda silencio, he dejado que ustedes se pronuncien, tú, fuiste la primera en pronunciarte, para todos la primera respuesta.

Antes de tomar mis vacaciones deambulaba por casi todas las casas, abecés mi única compañía eran los papeleos de las empresas, y mis viejas fotos del pasado, les buscaba en la puerta de los sitios donde se encontraban, cuando me veían sus indiferencias y sus ocupaciones me dejaban atónitos, frío sin saber por qué no me buscaban, les he dado todos los caprichos, les he acompañado en su niñez, son lo más preciado de mi vida, pero han crecido y con los años se han vuelto muy sociables, se han olvidado que tienen un padre, con respecto a ti, mi adorable mujer de ámbito internacional ¿Qué me reclamas? Te he agasajado con lo mejor de mí inspiración, han pasado los años, en principio has sido muy atenta, para luego apartarte y dedicarte a lo material y te has quedado con todos tus logros gracias a mi apoyo, pero eso si sin valorar lo que tenías a tu lado, mi silencio y mi existencia gritaba "Mírame estoy aquí", no necesitabas nada, todo lo tenías, ahora vienes a reprocharme por darme los gustos que se me vengan en gana, no te has dado cuenta que si se me ocurriera coleccionar rascacielos lo haría, o yates o lo que me venga en ganas y tú ni nadie lo podría remediar. Yo te he reprochado alguna vez el haberle salvado a toda tú gente del punto final de la opulencia en la que viven, te pediría que nunca opines de lo que yo decida con todo lo que me pertenece.

En varías ocasiones te hablaba de como me sentía, no tenía respuesta, tú dabas más importancia a tus reuniones sociales y tú estética y volviendo a austedes mis adorables hijos, siempre los busqué y respeté sus espacios, jamás juzgué sus comportamientos, y tu mujer te recuerdo que nuestro matrimonio fue firmado con vienes separados. Tú tienes lo tuyo y mucho más de lo que habías ambicionado, con esto he terminado con las dos, con respecto a ti Mason, apenas termines tú carrera, espero cumplas con tus promesas de seguir mi camino, estarás frente a muchas de las cadenas más importante de mis empresas y gracias por tú respaldo¿Tienen algo más que decir?

Y la mujer muy nerviosa comentaba

—¿Esto sería cómo una despedida?

—No exactamente, aunque suene muy frío esto fue lo que ha quedado de todo el egoísmo de años que veía en vuestras vidas, más bien esto sería una oportunidad para que sepan que existo y que tengo vida, para los dos hijos míos serán los seres más importante de mi existencia, y para ti te veré como la madre de mis hijos y estarás siempre con ellos y espero lo mismo de ellos.

La hija interrumpiéndole

—¿Pero padre por quién nos has cambiado?

Antoni, acariciando el rostro de su hija le respondía

—Creo que no lo han entendido, esto no es un cambio hija mía, es un nuevo principio es como nacer de nuevo, jamás cambiaré nada de mi persona, siempre me tendrás a tu lado dependerá de ti.

Observando a su mujer que bañada en lágrimas no podía creer lo que estaba escuchando, Antoni se dirigía a ella

—Deja de llorar que todo seguirá igual para ti también, no temas a nada tu seguirás en la opulencia mujer y tu niña ya tienes edad para decidir qué camino tomar mis vienes son para los dos y yo no seré eterno, para mantener semejante imperio deberán de manejarlo los dos.

Tú mujer madre de mis hijos cuida de tus hijos y deja de lado la vida social que no conduce a nada.

Él queriéndo abrazar a las dos vé el rechazo de su hija, observa la mirada de su mujer y vé el brillo de odio en sus ojos que se hacía patente.

Antoni su decisión ya lo había tomado y su planteamiento familiar lo dejó en claro, quedaba ponerles al tanto de quien se traba, quien fue el que abrió la puerta para su nuevo principio

Antoni muy nervioso se dirigía a su familia

—Me gustaría presentarles a una persona muy especial, espero respeten este momento y luego trataré de forma individual este tema, por favor les pido a los tres decirles de nuevo, nada cambiará todo seguirá igual, Alexander pasa.

Alexander muy serio se presentaba. Sorprendentemente la hija admirada comentaba

—¿Tú eres el famoso artista? Pero padre no estoy comprendiendo de que va todo esto ¿Te dedicarás al arte?

Y pidiendo perdón ya un poco nervioso, Antoni alzando los brazos se ubicaba en medio del salón y pedía atención.

—Él es Alexander una persona que he conocido hace cuatro meses atrás y por que de estas vacaciones durasen tanto tiempo, él es el motivo que es lo más acertado para mí vida en este momento, es este ser mi nueva cara, si quieren o necesitan más detalles les daré en su momento a cada cuál como tendría que ser, con todo el respeto que se merecen, otra cosa más y perdonen no iré a ningún club social ni junto a un grupo de familiares a dar explicación, ahora estoy dandole explicaciones solamente a ustedes por que les considero muy importantes en mí vida.

La mujer muy decepcionada, preguntaba ¿Porqué no eres más directo y te explicas como deberías de hacerlo?

—Él es mi nuevo sentimiento, es mi nueva pasión, me habría gustado tratarlo de forma personal con cada uno de ustedes, pero como van deprisa

La mujer cogía a Alexander del brazo reprendiéndole,

—Tú eres el culpable de que esta familia este en una total ruina sentimental, en el momento Alexander respondía.

—Jamás me toque, Jamás me sentiría culpable de nada y retire sus manos de mi, lo que ha nacido de parte de ambos surgió de forma espontánea, aquí nadie es culpable por la decisión que ambos hemos tomado, esta es nuestra verdad, quiero que sepan que yo no vivo una condición sexual, he nacido en mi mundo, al cuál a usted le guste o no tendrá que comenzar a aceptarlo, de hoy en más y si no lo acepta lo ciento por usted, con respecto a vosotros dos para lo que fuese estaré siempre en un sitio mientras respeten mí relación con vuestro padre, si me aceptasen me sentiría la persona más feliz del universo.

De forma violenta la hija de Antoni de nombre Michelle se lanzaba en contra de Alexander, gritando

—No pretendas que aceptemos vuestra decisión, con respecto a ti no puedes ganarte mi respeto ni mucho menos mi atención, lo que sientan es vuestro, el sentimiento que viven no corresponde a lo que nosotros sentimos y aceptamos.

El hijo interrumpia a su hermana.

—Hablas desde tú postura hermanita, la mía ya sabes padre respetaré y con respecto a usted señor Alexander mis más sentido respeto, todo ser tiene derecho a vivir y sentir lo que le parezca mejor para su vida.

Al ver y escuchar esto Michelle se avalanzaba sobre Alexander mientras que Antoni se interponía en su camino cogiéndola y presionándola por el pecho, le pedía que por favor se detenga, ella safandoce de su padre daba un fuerte golpe con los pies, que

Alexander reaccionando lo detenía, para luego pedirle a Antoni que la suelte, así lo hacía Antoni, mientras que Alexander soltaba los pies de Michelle apuntándole con el índice en su rostro

—Nunca jamás discrimines lo que soy ni lo que siento, esto va para todos y si hay algún problema con Antoni por la decisión que ha tomado, tienen que saber que él no está, ni estará solo ya por el resto de su vida, guste o no guste a quien sea y ahora lo siento tengo que retirarme por hoy basta, ya sabes dónde estaré Antoni, si me disculpan lo siento pero creo que he sido muy claro y no me prestaré a escuchar ningún insulto homofóbico, Adiós y traten de llegar a un acuerdo familiar sin ofender el sentimiento de nadie.

Una vez retirado Alexander bajo un silencio hermético abandonó el lugar.

La mujer se acercaba a Antoni y con un tono lloroso preguntaba

—Y por esto nos canvias, por un ser de raras costumbres en donde la sociedad no lo acepta. ¿Qué explicación daré a todo nuestro círculo de amigos? ¿Qué dirán tus hijos cuando les pregunten qué ha pasado de su padre?

Antoni muy molesto ante tal comentario tapándose su rostro reclamaba

—¿Que me cuentas mujer? Mira en lo que te has convertido, tú sabes que no tengo círculos de amigos y los que tengo son auténticos no personajes que viven de apariencias, tampoco creo que mis hijos tengan necesidad de explicar a nadie lo que ha pasado con su padre y si les apetecen hablarlo aquí estaremos, de mi parte creo que nunca les he dejado a un lado siempre me han tenido cerca, ahora en este momento ya son grandes y espero respeten lo que siente su padre.

Mi única intención fue salir de aquella soledad que me hacía sentir la persona màs vacía del mundo y aclarar todas las dudas con respecto a mi sentimiento, después de buscarlos y pedirles un poco de su tiempo no se preocuparon ni siquiera un minuto de sus vidas en mirar mi existencia.

Mi pregunta es ¿Qué les da el derecho a reprochar y a reclamar nada de mis desiciones? No piensen que por el hecho de ser mi familia dejaré a un lado mi vida. Lo siento por ambas porque creo que ha Masón le da lo mismo y mis respetos para ti hijo.

En ese momento Masón se ponía de pie, y acercándose a su padre.

—Padre quiero que sepas que toda decisión que tomes estaré de tu lado, espero seas feliz en tu nueva vida, siempre has sido un ejemplo para mí y creo que lo mínimo que puedes recibir de mi parte es mi respeto, con respecto a este hombre que será tu compañero, dile que fue un gusto haberle conocido y que siempre he admirado sus obras y que cuando quiera puede llamarme, con respecto a ti madre siempre me has dicho desde muy niño que lo que uno quiere debe de cuidar.

Tú no lo has hecho y ahora es tarde todos somos responsables del abandono que sufrió mi padre ahora no intenten opononerse ante su decisión, la mujer y la hija rechazando con sus gestos seguían reprochándole a Antoni

—¿Por qué nos haces esto? La hija le gritaba te odio y la mujer proseguía

—Espero recapacites y vuelvas. Siempre te estaremos esperando.

Ellos se marcharon, luego Antoni subió al hotel junto a Alexander quién lo estaba esperando muy nervioso, apenas entraba Alexander preguntaba por ellos

—¿Que pasará de hoy en más? ¿Antoni tu como te sientes en tu decisión?

Antoni observando una bella lámpara antigua comentaba

—Jamás me arrepentiría del cambio que he hecho en mi vida, mírame estoy mal a pesar de no esperar la comprensión de mi mujer y mi hija, pero por otro lado me siento muy bien por tu brillante intervención para con ellos, mis disculpas por ellos y por por la mala educación y mal proceder de mi exmujer y mi hija.

Abrazándolo lo besaba, una vez terminado su momento, Alexander preguntaba a Antoni

—¿Qué pasará de hoy en más? Tanto tu mujer como tu hija están más que molestas

Antoni no respondía, solo lo miraba, hasta que

—¿Y tú que piensas Alexander?

—Oí hablar a tu mujer, por las casas que habías comprado ¿Porqué reclama algo que no es suyo? Creo que más bien sería que está sintiendo temor por tus vienes, también creo firmemente independientemente de mi presencia en tú vida aunque hayas tomado tú la decisión de apartarte de su vida, ella tendría que volver a la suya, creo que ellos ni nadie tienen el derecho en esta situación de reprocharte lo que decidas, pienso que tú o cualquier otra persona que decida vivir su vida, nadie tiene derecho de reprochar, los que reprochan son aquellos que no piensan en la persona que decide, solo piensan en ellos mismos de forma egoísta, estaría de más en esta hermosa existencia aceptar lo que ellos piensen, sea madre, hijo, padre.

Soy consciente que no es agradable estar el lado que a ellos les corresponde, pero es lo que acontece y no solamente con nosotros, esto sucede en cientos de miles de personas

—Antoni respondía

—Creo que todo cambiará en poco tiempo, dejémoslo al tiempo sea nuestro cómplice mientras amémonos, no te detengas en pensar que puede ser y que no puede, lo nuestro es un hecho, lo de mi familia lo único que espero es un mínimo de respeto y cada cuál se abstenga y sea responsable de sus decisiones, ahora déjame mimarte que te necesito mi gran Adonis, te quiero, te adoro eres lo mejor que me ha pasado en mi vida.

Alexander muy sensible entre besos tiernos le murmuraba

—Siempre me tendrás a tu lado, te amo y te amaré por el resto de mi vida.

—Así pasaron ese momento crucial de Antoni, que tarde o temprano ámbos debían de enfrentarlo. Pasaron los días, para Antoni la indiferencia de su hija y su mujer se hacían patentes, en principio le caían mal por lo que demostraban, ellas no aceptaban su decisión, entonces surgía su lado frío, su dureza y su respuesta hacían de espejo ante la actitud de su gente, no aceptaba hablar con ninguna de ellas, solo la presencia de Alexander lo envolvía con la atención que se merecía, así pasaron las semanas y llegaba el día del regreso de ambos cada cuál en su labor

Alexander embarcaba todas sus pertenencias y Antoni se disponía a viajar a un país del norte de América, sucedía algo raro en el entorno de Antoni, sentía que siempre alguien lo seguía y él intuía que no era normal lo que veía, hasta que al subir en el avión se percató que un hombre lo obserbava, no perdió tiempo en avisar a Alexander, quien le aconsejo que se bajase del avión para salir de la duda.

Aquel hombre que lo observaba todo el tiempo simulaba ser un pasajero más, Antoni respondía a Alexander de forma indiferente

—No lo haré, será porque no estás tú a mi lado hasta veo fantasmas.

Y con una risa colgaba la llamada, por su parte Alexander se encontraba aún en Venecia y en su ajetreado día de controlar el cuidadoso envoltorio de sus últimas obras, en ese lapso de tiempo sin esperarlo sonaba el timbre del salón de exposición Alexander miraba por la camara de control; era la exmujer de Antoni, quien con una particular forma de dirigirse reclamaba

—He intentado en varías ocasiones contactar con usted y en una semana que llevo no he podido hacerlo, le buscaba para sacarme de las dudas todo lo que está sucediendo, dígame Alexander ¿Hace cuánto tiempo usted lleva con mi marido?

¿Y hasta cuándo piensa que durará esto?

Alexander muy serio respondía

—Creo qué usted así como mucha gente no entienden que esto no es algo ajeno al ser humano, esto es sentimiento, al igual que usted alguna vez ha sentido algo, no sería igual simplemente es un sentimiento especial por el hecho de no tener limite, con esto yo no pretendería menospreciar el sentimiento de nadie, pero lo siento debo defender lo que siento, con respecto a Antoni lo hablado con él es muy poco, si le puedo asegurar que su cambio no fue de un día para otro, su decisión ya lo tenía en mente, faltaba exponerlas, otra cosa más el ha descubierto su homosexualidad, su otra cara, en principio se sintió confuso, por no saber ni conocer lo que sentimos los homosexuales, también me gustaría decirle que la decisión que ha tomado fue de forma independiente y por lo concerniente a sus vienes que tengo conocimiento es estratosférico no me interesan, yo tengo muchos vienes que los he ganado con mucho sacrificio y es mucho más de lo que usted pueda imaginar, y todo lo que tenga mientras él este a mi lado será suyo, no necesito nada de lo que el tenga en lo material, solo su sentimiento.

Ella lo miraba con sus ojos brillosos expresando un fuerte odio y le respondía

—Pido a Díos que le haga recapacitar y me devuelva mi marido.

Alexander moviendo la cabeza mostrando un rechazo a las palabras de la mujer le respondía

—Creo que usted no ha entendido nada de lo que le he hablado, espero alguna vez lo entienda.

Le digo algo muy importante que espero no se olvide y quizás le haga entender esto que este sentimiento que Antoni y yo lo estamos viviendo. Díos dirá y protegerá lo correcto y si amar y ser amado por alguiendel mismo sexo está mal para usted creo que sería un problema personal.

Con su perdón pienso que usted no estaría al tanto de la decisión que ha tomado Antoni y discúlpeme por no seguir esta charla, me espera un largo día y por favor si tiene un problema con Antoni hable con él porque lo concerniente a mí estaré a su lado mientras él lo decida así.

Despidiéndose abría la puerta, la mujer se retiraba y en su retiro afirmaba

—Ya veremos si su fantasía sentimental termina en buen puerto.

Alexander, mirando el desprecio irónico respondía

—Fantasía es lo suyo por ello no tiene continuidad, ha terminado por culpa de su egoismo, usted viva su materialismo y su apariencia y deje los insultos, espero comprenda que no existe marcha atrás, mientras seré quien pedirá a Dios su entendimiento.

Alexander llevando las manos a su rostro mordiéndose de rabia murmuraba,

—Espero esto termine bien Díos mío,

Lo sucedido ni se molesto en comunicar a Antoni.

Así paso la noche y llego el día. Alexander ya mandó embarcar todo su arte y tenía que abandonar Venecia, él se dirigía rumbo al aeropuerto, pero sucedía algo con él conductor del hotel al desviarse del camino del aeropuerto y se detenía con la excusa de que tenía que recoger un mandado en una tienda.

—Perdone señor espero no le moleste será solo dos minutos, recogeré un mandado claro si usted me permite.

Alexander respondía

—No le permito y no detenga el vehículo.

Hasta que de repente de la nada de forma violenta otro vehículo se detenía a un costado y dos hombres corpulentos se bajaban con arma en mano, de forma rápida y violenta, abriendo la puerta del vehículo lo cogían del brazo y lo introducían en el vehículo, el sin entender nada muy sorprendido preguntaba

—¿Quiénes son y qué quieren?

Su espantosa sorpresa fue, cuando por detrás alguien le encañonaba un arma diciéndole

—Soy yo cariño tú Aníbal, mirate ¿Dónde estas? Espero que tu gran amor o tu amante te rescate, tendrá que pagar lo que pediré por ti, mientras tú pagarás el rechazo que me has hecho, serás mi perrita atada y yo seré tu perrito, quién te usará cada vez que se me antoje.

Alexander petrificado preguntaba

—¿Por qué haces esto Anníbal? ¿Dónde quieres llegar con esto? Antoni ya no está a mi lado, se ha ido.

Anníbal cogiendo unas esposas lo sujetaba, poniéndoles las manos por detrás y con un pañuelo lo amordazaba y con otro vendaba le cubría los ojos, una vez sujetado por todos los sitios, sintió un pinchazo para luego quedarse totalmente dormido bajo el efecto de un fuerte somnífero.

Los hombres lo cargaron y alzaron a un avión particular. Pasaron las horas y cada vez que Alexander volvía en sí ellos lo pinchaban de nuevo dejándolo dormido, así lo tenían hasta que después de dos días él se despertaba totalmente deshidratado muy débil y sin ropa tirado en un pequeño yate, él apenas abría sus ojos, con mucho esfuerzo se sentaba y mirándose veía todo su cuerpo con quemaduras hechas por sigarrillos, tenía mordeduras en sus pechos, él ya no se encontraba amordazado, tampoco esposado estaba amarrado de manos y pies totalmente desnudo, bañado en alcohol y orin, muy golpeado totalmente violado abusado.

Él pedía por favor que le den agua, el hombre que hacía de guardia traía agua comida y ropa, también un cubo para asearlo, este se acercaba a unos metros diciéndole

—Te he traído agua comida y ropa, te ayudaré, el jefe me ha pedido que así lo haga, Alexander lo miraba y le agradecía, mientras que con una sonrisa ironica el hombre le preguntaba

—¿Qué te ha hecho el jefe? ¡Vaya abuso! Siéntate aquí, yo te astearé y te pondré alguna medicina por estas heridas que te han hecho, pero por Díos ha abusado de ti como un monstruo este cabrón

Alexander muy mareado simplemente lo miraba y le pedía que por favor le vistiese, el así lo hacía pero sucedió algo cuando este acercó su rostro a él, recordó algunas imágenes cuando se estaba recuperando del efecto de las drogas y confirmó qué aquel hombre fue uno de los que había abusado de él.

Cuándo terminaba de vestirlo el hombre acercando su rostro le murmuraba

—Eres bello y entiendo a Anníbal el por qué su obsesión por ti eres un sueño Alexander le respondía

—Apartate de mí por favor sigas haciendome daño, mátenme pero no me torturen Entonces el hombre lo cogía por detrás

—Yo seguiría abusando de ti hasta dejarte muerto, o te mantendría así hasta hartarme de sexo antes de acabar con tu vida, y acariciándolo besaba el cuello de Alexander quien con una fuerte sacudida lo tiraba al suelo, para luego darle un golpe con los pies en la cabeza y dejarlo inconsciente, mientras esto ocurría Aníbal se hacía presente arma en mano y en vista a lo ocurrido propinaba un reverendo golpe con el arma en la cabeza de Alexander, escupiéndole y dandole un fuerte golpe en el estomago y de nuevo con una cuerda lo dejaba atado mucho más fuerte, así lo tubo por unos días, hasta que de forma burlona una mañana se presentaba y dirigiéndose a lexander lo cogía del cabello y le gritaba

—"Si hubieras tomado la decisión de estar a mi lado nada de esto ocurriría" imbécil.

Alexander adolorido le contestaba.

—Tú nunca me has querido, tú estas obsecionado con mi persona. Aparte de esto jamás en la vida viviría con alguien que se dedique a destruir vidas.

Annibal le daba un golpe en la boca, el chasquido de sangre salpicaba los pechos de Alexander.

—Pues mira lo que aré con tu gran amor.

Cogía el teléfono y contactaba con Antoni, a quién le informaba la situación de Alexander y todas sus intenciones.

Antoni lo saludaba con mucha tranquilidad

—Le daré todo el dinero que quiera, por favor no le haga daño ¿Dónde lo tiene? ¿Por que hace esto? lo he denunciado, no le haga daño

—Anníbal respondía.

—Él se encuentra con vida, le doy una semana de tiempo para hacer efectivo lo que yo le pida, espere le dejaré cruzar palabra con él.

Alexander con la boca ensangrentada hablaba

—Antoni estoy bien

—Hola Alexander ¡Dios mío! ¿Qué te han hecho?

—Ten cuidado Antoni.

Alexander fue avisado antes un mínimo gesto de nombrar a alguien o hablar demás el corpulento hombre le volaría la cabeza, aun así entre frases Alexander mencionaba,

—Me gustaría tomar una jarra con agua muy fría y despertar en una alfombra verde bajo el cielo celeste dónde siempre soñe estar

Entonces Anibal le cortaba dándole un fuerte golpe en la cabeza que lo dejaba desvanecido, al colgarlo Antoni pensaba cielo agua verde, donde siempre soño estar. El desesperado por la situación que estaba viviendo, llamó a Magua y le ponía al tanto de su situación quién acudía a su llamado dejándo toda actividad en espera, una vez estando con Antoni ella proponía pagar el rescate, Antoni abrazándola le pedía por favor que no le deje solo.

Antoni comentaba a Magua las palabras que Alexander había pronunciado

—Agua fría, lugar frío, beber agua fría, un lugar con agua, alfombra verde, el campo, verde arboles. Lo seguro es que no está en Venecia, esta en un lugar muy apartado, Venecia no sería.

Magua lo interrumpía

—Estará en otro país no podemos hacer nada, solo queda esperar, de acuerdo a lo que pidan iremos viendo que hacer, ellos esperando en el teléfono recibían la siguiente llamada con instrucciones.

—Estaré esperando la entrega de díez millones de euros, de cada empresa que tengas, hasta llegar a los cincuenta millones, depositarás como pago a una cuenta de una empresa que será el receptor de todos los pagos. En su momento te daré los detalles en mi próxima llamada, por otro la lado me traerás personalmente la suma de seis millones de euro en billetes de diez, lo primero será traerme los billetes en diferentes números de serie, esto me lo tendrás que entregar en la dirección que te daré en su momento, en que ciudad y dándole la dirección colgaba el teléfono.

Apenas amanecía se dirigía al banco en donde pedía la suma total con todos los requisitos que con llevaba el pedido, Anibal lo citaba en un pais del norte de América y le detallaba los datos de la ciudad y el hotel donde hospedarce.

Así en el segundo día ya teniendo la dirección del sitio donde hacer la entrega, apenas llegaba en una ciudad aledaña donde se encontraban, las instrucciones era de entregar las maletas a varías prostitutas a las afueras de la ciudad, cerca de unos polígonos industriales, Antoni llegaba solo, hacía la entrega de los fajos de billetes en bolsas, una de las mujeres era la encargada de recibir todo el dinero que iban abriéndose y cargando en bolsas especiales para luego retirarse del lugar.

Antoni observaba lloroso más por la impotencia, hasta que de repente como reaccionando subió a su coche y se dirigió en uno de sus hoteles más lujoso de México que se encontraba en el centro de la ciudad, ahí en el lugar le esperaba Magua, quién tenía mucho conocimiento de informática internacional, de esa manera se disponía a rastrear los billetes que llevaban pequeños detectores en los hilos de autenticidad, estos fueron fabricados por un agente especial que era muy allegado a Antoni, subieron las bolsas de dinero a una pequeña avioneta.

Mientras el amigo detective quien seguía muy de cerca todos los movimientos que ocurrían sin dejar de rastrearlos y respetando lo que Antoni dictaba.

El micro detector le Servía para llegar al destino de Alexander, ellos lo rastreaban vía satélite y al llegar al lugar, su sorpresa fue tan grande que el detector señalaba en la pantalla una de sus casas de montañas que se encontraba en Canadá, muy rápidamente él se disponía a viajar en uno de sus helicópteros privados, la incertidumbre y el miedo se adueñaban de la situación para Antoni.

Estos una vez estando a proximidades del destino, muy inteligentemente Antoni ordenaba que dejen el helicóptero a unos kilómetros en una de las tierras, de un vecino amigo que se encontraban por la parte de atrás de una pequeñas montañas, luego seguían por un tramo peligroso que eran los acantilados de la montaña, era el único lugar por donde se podían acercar por la parte del costado del gran cortijo, con mucho cuidado de forma sigilosa, acompañado de sus guardias quienes iban por delante informándole de lo que estaban divisando por el pinganillo.

Antoni al llegar al límite de las extensas tierras y uno de sus hombres le comunicaba que visibilizaba con el prismático a dos guardias armados, hasta que de forma repentina se escuchaba un disparo que daba en el cuello al primer guardia continuando con otro estruendoso disparo que impactaba en la cabeza del segundo guadia, mientras esto sucedía por detrás surgían tres hombres camuflados, los cuáles lo cogían y los llevaban al cortijo.

Uno de los guardias daba aviso a Annibal. Le informaba que ya lo habían cogido y que el mismo Antoni se encontraba entre ellos, Alexander lo escuchaba atentamente y en ese momento comenzó su plan, lo primero fue buscar la forma de liberarse, mientras que Anibal seguía dando órdenes, Alexander deslizaba por debajo de sus piernas una fruta de ciruela que le habían puesto para comer, para luego partirlo y fregárselo por el lado que se encontraba la atadura de sus manos para hacerla más resbaladiza, mientras que Annibal muy eufórico muerto de risa lo dejaba solo para buscar a Antoni que ya estaba llegando, Alexander muy deprisa aprovechaba la situación y conseguía zafarse las manos para luego retirar las cuerdas que lo tenían amarrado, después llamaba a uno de los guardias, pidiéndole agua simulando estar amarrado, mientras que el guardia acudía a él, apenas se acercaba le propinaba un golpe muy certero en la frente que lo dejaba totalmente inconsciente, luego amarraba al enorme hombre para después ir a por los perros, cuando Anibal dejaba el patio Alexander abría la puerta del pequeño yate, apenas daba unos pasos gicilosos de forma sorpreciba los tres enormes perros lo atropellaban, muy deprisa regresaba al yate con los perros detrás rosándoles el talón a mordiscos, llegaba muy justo a la puerta serrándolo de nuevo, hasta que se le ocurrió abrir un pequeño frigorifico para quitar unos embutidos y tirarlos a un costado en el agua por una de las ventanas, estos perros hambrientos se tiraban en el agua buscando los embutidos, Alexander aprobechando abría la puerta para salir muy velozmente asía el cortijo, una vez dentro fue sorprendido por uno de los guardias, quien muy fuertemente lo cogía y le despojada del arma, sus fuertes brazos rodeaba el cuello de Alexander, alzándolo hasta dejarlo suspendido del suelo, Alexander decidido a pelear flexionando sus piernas y de forma muy violenta daba un contundente golpe con el talón en sus partes, el hombre sin soltarlo del cuello caía rodando por el suelo hasta de forma muy abil Alexander daba un fuerte golpe con la cabeza en la frente, seguido de otro golpe más duro acompañado de un codazo que impactaba en sus costillas, así lograba zafarse de aquel gorila, quien no paraba de intentar reducirlo, sin rendirse se levantaba cogiendo en sus manos una silla para intentar golpear a Alexander, pero la frialdad y las prácticas de Alexander como buen campeón de artes marciales le propinaba un demoledor golpe con los pies entre el estomago y el pecho, hasta dejarlo semi inconsciente, para rematarlo con un puñetazo en la frente y dejarlo totalmente fulminado.

Una vez acabado con su segunda víctima escuchaba el gran portón de entrada abrirse y a empujones veían que a Antoni le llevaban al embarcadero, pero al darse cuenta que los dos hombres no respondían, muy rápidamente Annibal ordeno a uno de ellos que vaya a inspeccionar el pequeño yate, mientras que el segundo fue a inspeccionar la casa, cuando Alexander se percató que el hombre se acercaba con el arma en mano, tirándose al suelo haciéndose del muerto, lo esperaba tendido. Él hombre entraba inspeccionando y acercándose a Alexander al ver sangre en una parte de su rostro, lo tocaba entonces de forma rapida Alexander giraba y con un puñetazo que impactaba en su garganta hacía que el hombre caiga desvanecido enzima suyo.

El apartándolo muy deprisa se acercaba a la ventana y escuchando que Annibal pedía comunicación por radio, Annibal al ver que no había respuesta, ordenó en señas al hombre que se encontraba por encima de una torre entrar en la casa, esto sucedía sin que Alexander se entere. ÉL hombre muy astuto trepo por unas enredaderas para bajar a la segunta planta y conseguir introducirse dentro de la casa, este con el arma en mano bajaba sigilosamente para luego encontrar a Alexander a punto de salir por una de las ventanas de la parte baja de la casa, él muy despacio se acercaba a Alexander colocándole el arma en la cabeza y pidiéndole que se entregue, lo cogía del brazo para sacarlo fuera, llevándole a empujones, Annibal riéndose a carcajadas gritándo le amenazaba

—Ahora te enterarás quién soy yo y me lo pagarás muy caro

—Alexander sonriente le respondía.

—Te arrepentirás de lo que has hecho, te mataré a ti y a todos tus hombres y disminuyendo el paso el hombre intento empujarlo. Al sentir su mano que hacía contacto por su espalda Alexander giraba para sacarle el arma y darle un tiro en la frente, él hombre caía al suelo fulminado, Alexander no se detenía y proseguía con un disparo que daba al costado del pecho del hombre que se encontraba a porximidades del gran portón quién en el momento quedaba inconsciente, luego girando a gritos llamaba con mucha adrenalina a Annibal.

—"Annibal" ya es el tercero de tus hombres ¿Tienes más?

Cogiéndole a Antoni del cuello respondía suelta el arma y entregate o le volare la cabeza ahora, mientras esto sucedía aparecía el cuarto hombre, quién disparaba a Alexander en la pierna y seguido de un segundo disparo que impactaba en el hombro, él, caído desde el suelo al ver que el hombre se acercaba giraba rodando hasta llegar al arma que se la había caido, lo cogía rápidamente y con un preciso disparo daba impacto en el pecho del cuarto hombre, Anibal no paraba, gritandole

—Ambos morirán Alexander

Alexander poniéndose de rodillas entregaba su arma y suplicando entre lágrimas pedía, por favor suéltalo llevame a mí yo iré donde quieras pero a él suéltalo, yo te daré todo lo que tenga

Antoni pedía a Alexander que se calle, hasta que eran interrumpidos por un disparo y el chasquido de sangre salpicaba a Antoni en todo su rostro, seguido de otro con un segundo estruendo, era el que impactaba en el pecho de Annibal, en segundos Alexander veía a Annibal desvanecerse y al girar veían al hijo de Antoni Mason en lo más alto de la montaña, haciéndoles seña para luego bajarse, en ese momento Antoni abrazaba a Alexander para decirle mira lo que te han hecho Dios mío, ellos fundiéndose en un abrazo y un beso Antoni exclamaba, no te mueras le tomaba el pulso y sentía que se estaba muriendo.

—Que aría yo sin ti en esta vida, eres mi ángel, mi razón de existir no te mueras, mi adorable Adonis te llevaré para que te asistan.

El llevaba en hombros a Alexander hasta que su hijo llego a ellos para ayudarlo.

—Bájalo padre, se está muriendo, vamos hazlo, ha perdido mucha sangre.

Rapidamente se quitaba la camiseta que llevaba puesta cortando con sus dientes hacía una tira la cuál ataba a la pierna ensangrentada, luego pedía a su padre que precione la herida del pecho para detener la hemorragia, después le daba oxígeno de boca en boca, continuaba con un masaje y mucha presión en el pecho para darle fuerza al latido de su corazón. Antoni muy desesperado al ver que Alexander estaba bañado en sangre, abrazándole pedía perdón, Alexander respondía habriendo los ojos

—Sigo aquí tranquilo jamás les dejariá, los tres en un abrazo llorosos se animaban y muy sonrientes se disponían a partir al centro médico más cercano, mientras que comentaba Masson

—Gracias a todas mis prácticas de tiros y ballesta toda esta tragedia ha terminado a buen puerto, aunque mi temor fue la de fallar por que padre estabas a treinta centímetros de aquel hombre.

Mientras que los policías llegaban acompañada de Michel quién también se bajaba a pedir perdón a su padre y sobre todo a Alexander comentandoles

—Yo sabía lo que iba a ocurrir, porque un hombre había llamado a mi madre y yo había escuchado la conversación.

Mi madre mostró indiferencia por todo, ella se encontraba con este hombre durante todo este tiempo que estuvimos en Venecia y mira lo que ha conseguido, por eso el llevaba las llaves de este sitio padre

Antoni cogiéndole a su hija le decía

—Ya tengo conocimiento de lo que pasó, lo hablaremos más tarde ahora hay que asistirle a Alexander, quién muy adolorido abrazaba muy fuertemente a los tres, para luego pedirle a Antoni que no le dejase morir y se desvanecía con el rostro blanco y los labios morados, Mazón seguía precionando las heridas de Alexander y lo alzaban entre los tres para salir disparados al hospital más sercano sin esperar ninguna ambulancia.

Antoni le murmuraba en el oido a Alexander

—De hoy en más, jamás te dejaré solo, me tendrás enzima tuyo en todo, seré tu sombra, estaré hasta en tu plato, espero no te artes de mí.

Alexander se despertaba sonriente obviando el dolor y la agonia respondiendole.

—Jamás me molestaría tienes que saber que de hoy en más seré la persona más feliz del universo porque los dos niños están con nosotros, los quiero y espero nunca se aparten de nosotros, así fueron al hospital y pasaron las semanas y Alexander ya se encontraba recuperado, muy enamorados recorriendo los bordes de un tajamar en una de las mansiones de Antoni quién se encontraba explicando a Alexander la historia de las flores de las Nenúfares, hasta que eran interrumpidos por la llegada de Mason quien acompañado por un amigo, bajaban del coche

—Hola padres, mis dos padres él es un amigo, se llama Braulio, él ya les conoce porque me paso todo el tiempo hablando de los dos, como verán él es más que un amigo.

Alexander con la boca abierta impresionado, no emitía nada, se quedaba quieto solo observaba, por su parte Antoni le respondía

—Ahora comprendo del por qué tu actitud comprensiva hijo, cuándo les presente a Alexander aquella noche en el hotel, tú no te sorprendías, lo entendías perfectamente, yo lo presentía

Alexander reaccionando proponía brindar por aquel momento, pero Masson se disculpaba.

—Lo siento es qué dentro de unos minutos he quedado con unos propietarios de una gran naviera internacional, para ver la compra del cincuenta por ciento de sus acciones o comprar en su totalidad, iré con Braulio a inspeccionar todo, él es un excelente mecánico de los grandes motores de Barco, él será una pieza fundamental para la firma, claro una vez que tú y mi padre favorito echen un vistazo a todo, lo mismo que serán ustedes quiénes darán su okey.

Ellos se despedían pero Alexander se sentía muy inseguro por el amigo de Masson y llamando al joven de nombre Braulio se acercaba a él para murmurarle

—Ten cuidado que seguiré tus pasos muy de cerca, cuídalo quiérelo porqué sí me entero de alguna fechoría de tú parte, pongo a tú conocimiento que soy campeón de tiros a distancia y que iré a por ti y me convertiré en tú pesadilla.

Mientras girando asía masson le guiñaba un ojo muy sonriente en voz muy alta les decía.

—Qué disfruten y que DÍos bendiga vuestro amor así como el nuestro.

Es muy importante aclarar que esta obra es libre y esta ajena a ningún movimiento social que demuestre fanatismo.

Esta obra no pretende abanderar ninguna corriente sexual, simplemente trata a la homosexualidad como sentimiento sin menospreciar lo que cada persona decida sentir o vivir .

Esperemos que las leyes del sistema social reafirmen sentencias a los malos comportamientos homofóbicos, con sus dejaciónes y maltratos asía la homosexualidad, lo mismo que las religiones que para Díos lo importante es obrar pensando en el prójimo siendo correctos y respetando a todo ser vivo, en los brazos de Díos no existen diferencias entre los seres de su creación.

Mis respetos a todos los defensores del sentimiento homosexual, lo mismo a todos que lleven algún concepto contradictorio asía la homosexualidad, para estos espero vivan sus vidas respetando el sentimiento de los demás.

FIN